La recuperación del abuso narcisista

Una guía completa para superar el abuso emocional, identificar a los narcisistas y sobreponerse a las relaciones tóxicas

Linda Hill

Índice

Un regalo para ti

Como forma de agradecimiento por tu compra, quiero ofrecerte un e-Book gratuito llamado Como decir "No", exclusivamente para los lectores de este libro.

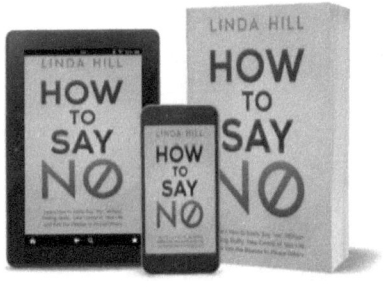

En este libro descubrirás:

- Cómo decir que no sin sentirte culpable o herir los sentimientos de otras personas

- Cómo dejar de ser complaciente y así valerte por ti mismo

- Cómo diferenciar entre ser una persona amable y ser un tapete

- Y mucho más

Si quieres dejar de ser complaciente con los demás de una vez por todas y para siempre, adquiere este libro.

Para acceder a él instantáneamente, solo tienes que ir a:

PeakPublishBooks.com/people

Introducción

Cuando una persona tóxica ya no puede controlarte, intentará controlar cómo te ven los demás. La tergiversación te parecerá injusta, pero mantente por encima y al margen de ella, confiando en que los demás acabarán viendo la verdad al igual que tú.

–Jill Blakeway

Imagínate, si puedes, que un amigo que encontró la pareja de sus sueños. Esta pareja tiene la mayor parte de las características que cualquier ser humano espera en una pareja ideal: confianza, amabilidad, encanto e inteligencia. Si le observas con su pareja, puede que algo te parezca que no está bien.

Su pareja puede parecer bulliciosa, dominar la conversación o incluso hablar en su nombre cuando la conversación se dirige a él o ella. Esa atención que al principio era considerada como algo inocente, se convierte en algo más obsesivo, ya que esta persona está pendiente de cada movimiento que el otro realiza en su vida. Este amigo, quien antes era alegre y sociable, comienza a mostrarse callado, inseguro, cohibido y reservado, lo que hace pensar que puede estar siendo víctima de algún tipo de abuso. Pero al no haber signos evidentes de tal abuso, nadie interviene. Así es como se ve una relación narcisista abusiva desde el exterior, y la razón por la que los narcisistas son tan capaces de continuar con su comportamiento.

Pero lo peor es que las víctimas de esta clase de relaciones o bien se niegan profundamente a creer que el problema está ligado a la persona narcisista, o se les hace pensar que toda la culpa es suya. Esta situación no es muy diferente a la de ser encerrado con una mordaza en la boca, obligado a permanecer en una relación que es completamente unilateral. Además, aun cuando la víctima reúne el valor suficiente para hablar con alguien, con frecuencia no le creen, lo que mantiene a la persona, sometida dentro de una relación de control.

Una relación abusiva de este tipo es una de las más difíciles de finalizar y superar porque las personas quedan dañadas en lo más profundo de su ser, y no distingue género, raza, religión, estatus social o cualquier otro tipo de categoría en la que se incluya a las personas. Existen narcisistas en todos los ámbitos de la vida, al igual que sus víctimas. Y lo peor de todo es que sus víctimas creen que nunca conseguirán un compañero mejor, lo que les mantiene en ese cerrojo invisible sin luchar. Pero no tiene por qué ser así.

Quienes viven, sanan, se recuperan o superan los efectos debilitantes de estar en una relación tóxica, requieren el poder de la información, lo que constituye el enfoque de este libro. Entender la mentalidad de un narcisista, los rasgos de su personalidad y los efectos que tiene en los que le rodean, proporciona a las víctimas una nueva perspectiva de lo que soportaron, así como un renovado sentido de sí mismas.

Es también una forma de reconocer las señales de advertencia en las futuras relaciones para no repetir el ciclo.

Este libro no arroja una luz de compasión sobre el maltratador, ni trata de ayudarte a descubrir si estás o no en este tipo de vínculo, aunque te dará algunos consejos sobre cómo averiguarlo si aún no lo sabes. El enfoque está en obtener una visión para construir tu fuerza para salir de esa relación, creando las herramientas que necesitas para reconstruirte desde adentro, tomando en cuenta los consejos para no volver a caer en ella mientras mantienes tu nueva vida de la manera que en que mereces vivir. Ya te has dado cuenta de que algo no va bien. Pocas veces tu instinto se equivoca. Lo importante es que atravieses y superes el daño que te hicieron y que reconstruyas tu vida desde el interior.

Y nosotros te guiaremos en cada paso.

CAPÍTULO 1

Lo que realmente quieres saber sobre los narcisistas

Las relaciones con los narcisistas se mantienen gracias a la esperanza de un "un mejor día", con pocas pruebas que demuestren que este llegará alguna vez.
—Ramani Durvasula

Si ya sabes que tu pareja tiene una personalidad narcisista, ya eres en cierta medida especialista en lo difícil que puede ser una relación de este tipo. Es posible que seas consciente de su naturaleza, pero no consigues que se marchen y tampoco te dejan ir. Tal vez veas quiénes son y lo que te están haciendo, pero no sabes cómo liberarte. O bien, has conseguido alejarte, aunque te preocupa volver a hacerlo o no encontrar nunca a alguien mejor. Todas estas preocupaciones son válidas, y por eso precisamente aquí comenzaremos con la recuperación de tu vida.

El término *narcisismo* se utiliza tanto que se confunde su verdadero significado. Suele relacionarse con personas que tienen una personalidad fuerte, con una seguridad que roza la arrogancia. Este tipo de individuos necesitan dominar la conversación incluso si el tema no es de su especialidad, y su ego repercute en su necesidad de ser el centro de atención. Aunque muchas de estas conductas se asemejan a la personalidad de un narcisista, hay diferencias importantes que las distinguen. Esto se tratará más adelante con mayor detalle en el presente capítulo.

También abordaremos la comprensión del proceso de pensamiento de los narcisistas. Esto podría suscitar la pregunta: "¿Por qué querría introducirme en la cabeza de alguien así?", sin embargo, contar con este conocimiento pone definitivamente a la víctima en ventaja. Al saber cómo operan podrás tener el control absoluto de tus respuestas, arrebatándoles su poder.

Esto no solo te dará el valor para dejar la relación tóxica, sino que además te fortalecerá para no permitir que el narcisista vuelva a atraerte a su vida.

Finalmente, veremos algunas posibles explicaciones acerca de cómo llegaron a ser como son. Como se indicó anteriormente, no pretendemos simpatizar con ellos cuando nunca mostraron empatía por nadie más. Saber cómo han desarrollado su personalidad te ayudará a mantenerte alerta cada vez que percibas sus métodos de manipulación o cuando intenten tocar los botones de culpabilidad que te son tan familiares.

Al finalizar este capítulo, estarás más consciente del problema con el que has estado lidiando y, tal vez, comiences a sentirte mejor.

Narcisismo básico

Hasta cierto punto, la mayoría de los individuos ocasionalmente muestran rasgos de narcisismo. Por ejemplo, los niños son narcisistas por naturaleza, porque esperan que se satisfagan sus necesidades y deseos independientemente de lo que les convenga. Además, quieren la atención de todos y se esfuerzan por conseguirla. No obstante, aprenden rápidamente que ese comportamiento y ese nivel de expectativas de los demás no solo es grosero, sino también irreal. Finalmente, esto deja de suceder. Si esta conducta continúa y no aprenden un comportamiento apropiado, lo arrastrarán hasta la adultez.

Al principio, se puede interpretar erróneamente que el narcisismo es simplemente una fuerte confianza en sí mismos en lo que respecta a quiénes son, lo qué hacen y hacia dónde pretenden ir en la vida. A este respecto, estas personas podrían ser tan solo mentalmente fuertes y tener un camino definido hacia sus objetivos y canalizar esa tendencia narcisista hacia la ambición. Lo preocupante es cuando el "yo" se convierte en el centro de atención por encima de sus objetivos, aun a costa de los deseos y necesidades de los demás. Es en este momento cuando se convierte en un trastorno de la personalidad, en vez de en una persona que simplemente se siente segura de lo que es.

El *Trastorno Narcisista de la Personalidad* (TNP) está

definido por los rasgos que presentan y que giran en torno a su visión exagerada de la importancia de sí mismos. Los rasgos específicos que están fuertemente relacionados con el individuo de personalidad narcisista incluyen:

- Una perspectiva grandiosa de sus logros, talentos y capacidades

- Intentar mostrar perfección en todos los ámbitos de la vida, y esperarla de los demás

- Necesitar atención y admiración constantes, y por mucho que la reciban nunca parecerles suficiente

- Centrarse en cosas superficiales (la apariencia, lo material, el estatus social, etc.)

- Poseer expectativas de un trato especial, incluso cuando no lo merecen

- Utilizar la manipulación y la mentira para conseguir lo que quieren, incluso si eso significa aprovecharse o abusar de los demás para lograr sus propios objetivos

- Tener un déficit en su capacidad para regular su autoestima

- Carecer de conexión emocional con los demás, y solo relacionarse con personas que consideran cercanas a su posición

- No tener respeto por los límites personales

- No sentir empatía

- No ser capaces de responsabilizarse por sus actos, y reaccionar negativamente ante las críticas

Puede resultar sorprendente saber que, en el fondo, por debajo de todas las fachadas, quienes tienen una personalidad narcisista son en realidad inseguros hasta el punto de odiarse a sí mismos, motivo por el cual se esfuerzan tanto por llamar la atención. También puede ser la razón por la que tratan tan mal a los que están por debajo de ellos, porque así se ven a sí mismos.

Dentro del narcisismo, existen cuatro categorías principales en las que se pueden agrupar específicamente a los individuos, basándose en cuáles son sus enfoques. Los rasgos enumerados anteriormente se ven en todas las categorías de narcisismo. La diferencia principal entre ellas es la manera en que expresan sus rasgos de personalidad.

1. **Clásicos:** En este grupo se encuentran los narcisistas típicos que muestran abiertamente y sin reparos los rasgos de personalidad mencionados anteriormente. Son incapaces de ver cómo su comportamiento es incorrecto o hiriente, y en definitiva señalarán con el dedo a otros, desviando toda la culpa o el error hacia los demás.

2. **Vulnerables:** Estos individuos también se conocen como "narcisistas encubiertos" porque, aunque siguen teniendo creencias de superioridad, se muestran más introvertidos y evitan ser el centro de atención. Normalmente, se relacionan con los que se consideran populares y reciben un trato especial, en vez de buscarlo activamente ellos mismos. Obtienen protagonismo haciéndose las víctimas o mediante una falsa generosidad. Dicho de otro modo, no dan de corazón, sino que lo hacen por la atención que esto les proporciona.

3. **Comunitarios:** Este caso es un poco más difícil de detectar hasta que se examina a la persona de cerca. Este tipo de personas parecen ser grandes defensores de la comunidad o de determinadas organizaciones benéficas, pero, realmente, no apoyan una causa por razones humanitarias, sino que lo hacen para recibir elogios y reconocimiento. En realidad, esta persona está tratando de alimentar su equivocado sentido del "ego".

4. **Malignos:** Entre todas las categorías principales, este grupo de narcisistas es el más tóxico e inescrupuloso. Son altamente manipuladores y parecen obtener placer al manipular a los demás. Son agresivos, controladores, tramposos y harán cualquier cosa para dominar. Pero lo peor de todo es que no sienten ningún remordimiento por nada de lo que hacen.

Dentro de cada una de estas categorías principales, hay algunos subtipos de narcisistas dependiendo de cómo sus actos son vistos o experimentados por los demás. A continuación, se presenta un resumen de estos subtipos:

1. **Abiertos:** Los métodos que practica este grupo están a la vista de todos. Los grupos clásicos y comunitarios son siempre abiertos.

2. **Encubiertos:** Estos narcisistas son tan buenos para ocultar lo que hacen que resulta difícil para quienes tienen una relación con ellos convencer a los demás de la verdad. Son astutos y pasivo-agresivos en sus planteamientos y son capaces de manipular sin que la otra persona se dé cuenta al principio. Este grupo es siempre vulnerable y discreto. Por la propia naturaleza de lo que hacen y su gran falta de empatía y remordimientos, los integrantes de este grupo pueden ser abiertos o encubiertos.

3. **Cerebrales:** Aunque el título hace referencia al funcionamiento del cerebro, estos individuos consideran que su intelecto es superior, creyéndose más inteligentes que los demás. Acaparan la conversación, demostrando constantemente lo mucho que saben, e

interrumpiendo cuando los demás intentan hablar.

4. **Somáticos:** En este grupo, la atención se centra en el cuerpo y se juzga a los demás por su apariencia externa. Son muy proclives a buscar parejas que puedan utilizar como "objetos resplandecientes" que aumenten su visibilidad y popularidad. Les obsesiona el peso, el físico y la apariencia, y criticarán a su pareja o a otros si no cumplen con sus criterios.

5. **Invertidos:** Se trata de un subtipo que se relaciona únicamente con grupos vulnerables o encubiertos. Estas personas son las víctimas heridas que culpan a todos los demás por lo que han sufrido. Se vinculan con otros narcisistas para sentirse superiores, y es muy probable que hayan desarrollado su personalidad a partir de un trauma infantil.

6. **Sádicos:** Dichos individuos se encuentran en la categoría maligna principalmente. Las personas que pertenecen a este subtipo tienden a ser comparadas con las mentalidades sociopáticas o

psicopáticas porque sienten un gran placer en el dolor de los demás. Les encanta humillar, herir y destruir por completo la autoestima de otros, y esta actitud puede llegar incluso a sus prácticas sexuales.

7. **Espirituales:** Este tipo de personas tienden a mostrar una mentalidad "más sagrada que tú", y emplean la religión y la espiritualidad para humillar a los demás o justificar el trato que les dispensan.

Es evidente que los narcisistas tienen rasgos de cada una de estas categorías individuales, pero en ocasiones se centran específicamente en un área según lo que es más importante para ellos.

¿Cómo llegan los narcisistas a ser como son?

Al parecer, no existe una razón sólida y establecida de por qué las personalidades narcisistas surgen en algunas personas y en otras no. Existen algunas influencias genéticas y medioambientales, pero ninguna en concreto. Algunos estudios sobre las áreas del cerebro responsables del procesamiento de las emociones, la empatía y ciertas funciones cognitivas, demuestran cierto deterioro o falta de desarrollo en quienes presentan este trastorno de la personalidad (Psycom, 2022). En líneas generales, entonces, no nacemos con trastornos de la personalidad, sino que éstos se desarrollan en la infancia a través de nuestras experiencias, los genes y lo que nos rodea en cada uno de nuestros entornos (por ejemplo, la escuela, los amigos, la familia, etc.)

Es importante recordar que el hecho de que los jóvenes expresen ciertos rasgos narcisistas no quiere decir que vayan a desarrollar un trastorno. Pueden ser rasgos típicos de su edad (por ejemplo, concentrarse en sí mismos). Teniendo en cuenta estos puntos, a continuación se presentan otras posibles razones por las que los narcisistas se convierten en quienes son:

- Desarrollar una disposición insensible a los problemas

- Desarrollar un temperamento insensible a una edad temprana

- Asimilar tácticas manipuladoras de sus cuidadores, familiares y amigos

- Ser excesivamente elogiados por su buen comportamiento y muy minimizados por su mala conducta

- Límites o expectativas poco claros

- Elogios poco realistas

- Experiencias de trauma, descuido, abandono o abuso durante la infancia

- Cuidados inadecuados o insuficientes

- Muy consentidos por los que les rodean mientras crecen

- Un enfoque irrealista centrado en las apariencias, la imagen, o las habilidades

Ya tienes una definición clara acerca del narcisismo, sus rasgos de personalidad y los posibles motivos por los cuales desarrollaron estos desagradables comportamientos. En el próximo capítulo nos enfocaremos en las tácticas que los narcisistas ponen en práctica para controlar a los demás (en especial a aquellos con quienes se relacionan íntimamente), y en los puntos importantes sobre lo que se debe hacer y lo que no al tratar con un narcisista.

Capítulo 2

Las tácticas de control de un narcisista

No puedes obligar a alguien a respetarte, pero puedes negarte a que te falten al respeto.
—Mohammad Rishad Sakhi

Para comprender los pormenores de la personalidad del narcisista es necesario que las personas más cercanas a ellos sepan a qué se enfrentan. Para quienes han lidiado con conductas tóxicas durante mucho tiempo, habrá un nivel más profundo de conocimiento que les ayudará a protegerse de cualquier daño adicional. Para aquellos que son nuevos en una relación con una persona así, ahora dispondrán de información sólida para arriesgarse a seguir adelante con su nueva pareja o retirarse antes de involucrarse demasiado.

Podría resultar contraproducente -en cierto modo- hacer una investigación profunda sobre el narcisista. ¿Acaso no estamos haciendo precisamente lo que ellos quieren que hagamos? ¿Hacer de ellos nuestro centro de atención no es justamente lo que buscan? Superficialmente, podría parecer así, sin embargo, en primer lugar, ellos no saben que estás recopilando información en tu beneficio a no ser que se los digas.

Y segundo, no estás haciendo lo que esperan que hagas, pues esa información que estás obteniendo es para alejarte de ellos y sanar de sus abusos, no para inflar su ego.

Teniendo en cuenta estas premisas, en este capítulo se expondrán las diferentes tácticas que utilizan los narcisistas para tratar de tenerte bajo su control. Nuevamente, si bien los términos en sí mismos quizás no te resulten familiares, las definiciones sí lo serán para ti. Reconoce estas tácticas, nómbralas y ponles un freno para que no continúen.

Resulta fácil caer en sus estrategias, así como dejarse atraer de nuevo por ellas después de haber sido lo suficientemente valiente como para terminar la relación. Cuando reconozcas dichas estrategias, deberás armarte de fuerza interior que te permita saber cómo responder frente a ellas. Las personas narcisistas siguen con su comportamiento tóxico porque se les permite hacerlo. Al encontrarse con alguien que no se deja seducir por sus encantos, pero que además sabe cómo luchar contra ellos, retrocederán. Perderán el interés muy rápidamente ante una persona con la que tengan que esforzarse demasiado para llamar su atención.

Habiendo dicho esto, es necesario mencionar un aspecto importante.

Si bien la mayoría de los narcisistas no desperdiciarán su tiempo con una persona que no pueden controlar, aquellos que se encuentran comprendidos en la mentalidad sádica, son más propensos que otros a no dejarlos ir tan fácilmente. Este grupo es más proclive a acechar, hacer que la víctima parezca una mala persona o atacar la naturaleza o la reputación de alguien solo para hacer que sienta dolor. Recordemos que sienten mucho placer con el sufrimiento ajeno, por lo que cualquier represalia por parte de la víctima no la dejarán pasar. Pero no desesperes. Hay luz y protección.

En la última sección del capítulo, discutiremos si la persona narcisista puede cambiar y en qué momento hay que aceptar que no lo hará. Esto es difícil de comprender porque también supone aceptar que eres una víctima del maltrato, y el siguiente capítulo te orientará al respecto.

Métodos de afrontamiento disfuncionales del narcisista

Este capítulo se inicia con las distintas formas de control que utiliza un narcisista para proteger su precioso ego. Esto lo harán mediante la puesta en práctica una serie de métodos de afrontamiento disfuncionales con el fin de atrapar, mantener y controlar a sus parejas u otras personas a quienes les permiten acercarse. Si la víctima no percibe inicialmente dichos métodos, deberá identificarlos lo antes posible en cuanto el hechizo del narcisista empiece a desaparecer.

Cuando la víctima pueda ver e identificar estos métodos, entonces podrá aplicar las sugerencias proporcionadas en este libro a fin de controlar sus reacciones y restituir la responsabilidad al narcisista. Debes saber que es más fácil reconocer las tácticas que reaccionar eficazmente frente a ellas en un principio. Si no se es lo suficientemente fuerte para defenderse al principio, al menos hay que ser consciente de lo que está sucediendo. Este es el primer paso importante y el principal para frenar el tratamiento tóxico, del que te servirás durante tu proceso de curación.

A continuación, enumeraremos las tácticas más comunes a las que recurre la persona narcisista para mantener su control sobre los demás:

- **Bombardeo de amor:** Antes de que el narcisista consiga acercarse lo suficientemente como para emplear algún truco, tiene que lograr que la persona de su interés confíe lo suficiente en él. El bombardeo de amor en realidad puede parecer algo inocente y halagador en un principio, pero mantente alerta. El objetivo es avasallarte con regalos, sorpresas y otras señales de afecto como forma de, con suerte, despertar tu deseo de pasar más tiempo con el bombardero. Al principio puede no parecer evidente para el receptor, pero son actos de manipulación para ganarse la confianza. ¿Cómo puede saber el destinatario cuándo las intenciones son genuinas y cuando está siendo engañado por un narcisista? Desde su punto de vista, observan cómo respondes en tu mundo y te llenan de atenciones y regalos basándose en lo que te hace más feliz. Sin embargo, todo ese derroche de afecto tiene un alto costo. Así es cómo debería parecer el bombardeo de amor frente a quien lo recibe:

○ Las cosas suceden demasiado rápido como para que nos sintamos cómodos. Las relaciones llevan su tiempo, pero debería ser preocupante que una persona hable de amor, de tener una familia y de casarse al poco tiempo de conocerse.

○ El bombardero se mostrará extremadamente exagerado en su enfoque.

○ Siempre te dirá lo que quieres escuchar, incluso con respecto a tus inseguridades, sin ningún tipo de sinceridad.

○ Si piensa que no estás respondiendo de forma positiva, retrocederá hasta dar con la respuesta adecuada. No olvides que no les preocupa la sinceridad de su planteamiento, solo que parezca atractivo.

○ Un gran indicio es que pueden estar tratándote muy bien pero no son tan amables con los demás. La mayoría de las víctimas pasan por alto esto, por lo bien que les hace sentir esta atención, aunque debería ser una señal clara de que estas no tardarán en ser tratadas de la misma manera.

○ Comenzarán a hacer preguntas inquisidoras sobre los momentos difíciles por los que pasaste y te presionarán para que te sinceres. Esto es otra gran señal de alarma ya que este tipo de cosas deberían surgir de forma natural después de haber establecido una fuerte confianza mutua. No es más que la munición que guardarán para el futuro.

- **Gaslighting:** Es una táctica que se percibe definitivamente antes de que la víctima se dé cuenta de que está siendo manipulada. Esta es una de las formas más elevadas de manipulación que deja a la persona confundida y con dudas sobre su propia cordura. Si se permite que se prolongue lo suficiente, se pierde la capacidad de confiar en uno mismo o en la percepción de la realidad. Existen diferentes formas en las que una persona tóxica trata que alguien sea sometido bajo los efectos devastadores que producen este tipo de situaciones:

  - Te dicen que no recuerdas bien algo o que estás muy equivocado cuando sabes que tienes razón.

  - Te hacen sentir que tus pensamientos y sentimientos no le importan a nadie más.

  - Ocultan información y después actúan como si

no supieran de qué estás hablando.

o   Te tratan muy mal.

o   Te hacen cuestionar tus propios pensamientos al poner en duda su validez.

o   Justifican sus acciones porque es por tu propio bien.

o   Niegan lo ocurrido.

- **Proyección:** Es la acción de una persona de depositar sus sentimientos incómodos o su responsabilidad en alguien más. El narcisista no asumirá la responsabilidad de sus acciones y se esforzará por hacer que otra persona se haga cargo de sus malas acciones de manera muy dañina y cruel.

- **Desviación:** Quien haya intentado ganar una discusión con un narcisista está familiarizado con esta estrategia. Se trata de evadir una cuestión o un problema hablando en torno a él hasta que el tema inicial desaparece o se olvida. ¿Nunca te alejaste de una conversación sintiéndote perdido, confundido y sin saber qué querías decir en primera instancia? El narcisista desvió el tema como una forma de evitar la responsabilidad.

- **Distorsión:** Es una táctica en la cual el narcisista tergiversa la verdad de tal manera, que, de hecho, dudas de ti mismo, a pesar de que los hechos estaban claros en tu mente con anterioridad al enfrentamiento. Son maestros del engaño y recurren a una variedad de métodos para distorsionar tu realidad:

  ○ Siempre están tratando de demostrar que tienen razón.

  ○ Formulan una conclusión basándose en un incidente y la generalizan a todo lo demás.

  ○ Sacan conclusiones con base en lo que piensan y no en los hechos.

  ○ Exageran la importancia de determinados detalles o los ignoran por completo.

  ○ Con frecuencia, imponen a los demás

obligaciones poco realistas, usando la expresión "deberías".

o Hacen el papel de víctima, aunque el tema tenga poco que ver con ellos.

o Juegan la carta emocional, opacando cualquier pensamiento lógico.

o Además de esperar que los demás cambien para ajustarse a sus necesidades, también creen que tienen el control de sí mismos y de todo lo que les rodea.

- **Triangulación:** Esto es cuando el narcisista capta a otra persona para que se ponga de su lado y respalde sus esfuerzos por hacer daño a la víctima. La mayoría de las veces esto se hace como una forma de castigo, bien por no hacer lo que se espera de ti, o cuando finalmente te das cuenta y terminas la relación.

- **División:** Se trata de una forma de pensar de manera tajante o blanco o negro y sin otras opciones.

- **Negación:** Esta es una forma de manipulación emocional en la que la persona realiza cumplidos ambiguos para provocar la duda sobre sí misma y destruir poco a poco la autoestima del receptor.

En ocasiones, estas estrategias son tan sutiles que la persona a la que se dirigen no se da cuenta de lo que está ocurriendo hasta que está muy involucrada. Pero incluso en ese caso, se debería ser capaz de percibir que algo no está bien por la forma en que uno se siente. La intuición es muy poderosa y rara vez se equivoca.

Qué hacer y qué no para enfrentar a un narcisista

Tras lo expuesto en este capítulo, resulta evidente que la comunicación no es fácil y es un desafío cuando se trata de ellos. Resulta difícil razonar con alguien que no ve nada más allá de sus propios deseos y cómo puede sacar provecho de todo y de todos los que le rodean. Tu gran ventaja es que ahora entiendes no solo lo que debes tener en cuenta sobre su personalidad, sino también el modo en que realizan la misión de controlar lo que sucede a su alrededor.

En este apartado profundizaremos más en los "conocimientos indispensables" con los que hay que contar. Hablaremos de diez cosas que *no hay que hacer* al lidiar con un narcisista y la razón por la cual es importante conocerlas. Así la víctima dispondrá de más poder para frenarle y mantenerle alejado. Finalizaremos el capítulo con siete cosas que *se deben hacer* al enfrentar un conflicto con un narcisista y cómo detener la discusión antes de que tengan la posibilidad de intentar una de sus tácticas.

Primero, aquí está lo que *no hay que hacer* al tratar con un narcisista en general:

1. **Nunca los subestimes.** Son personas que nunca se sienten satisfechas en ningún aspecto. Es evidente que han desarrollado una gran autoestima y no ven que otros puedan igualarlo y, por supuesto, sobrepasarlo. Por eso, siempre saben lo que tienen que decir para conseguir lo que quieren. Mantente alerta y cuestiona cada palabra que digan, sobre todo cualquier indicio de su voluntad hacia el cambio.

2. **La empatía no sucederá.** El no sentir empatía es uno de los rasgos principales de cualquier categoría de la personalidad narcisista. Para poder sentirla, la persona tiene que ser capaz de ver una situación a través de los ojos de otros, así como comprender que los demás son dignos y merecen compasión. El narcisista no puede dar lo que no siente. En vez de intentar hacerles entender esto, concéntrate más en respetarte y honrarte a ti mismo permaneciendo dentro de tus límites (esto lo trataremos con más detalle en un capítulo más adelante).

3. **Nunca les des material.** Resguarda cuidadosamente tus pensamientos, sentimientos y demás áreas de tu interior. Todo lo que les reveles, lo usarán en tu contra de alguna forma.

4. **Hay más en ellos de lo que parece.** Las personas narcisistas hacen un gran esfuerzo para mostrar una fachada de perfección y superioridad. Lo irónico es que debajo de todas las máscaras, en verdad sienten exactamente lo contrario a la imagen que muestran. Como seres

humanos, podemos sentir compasión por ellos, pero de ningún modo debemos dejarnos llevar por sus tácticas.

5. **Muestra tu mejor cara de póquer.** Los narcisistas ven a todo el mundo como un enemigo o alguien a quien utilizar, y se reservan lo peor para aquellos a los que permiten estar más cerca de ellos. Independientemente de lo que digan o hagan, jamás les des la satisfacción de saber que llegaron a ti. Es su principal objetivo; así que no les ayudes a hacerlo más fácil.

6. **No esperes su apoyo.** Los narcisistas no tienen ninguna lealtad hacia los demás. Cuando alguien no satisface sus necesidades o deseos, lo hacen a un lado. Si esperas esto de una persona que lo hace todo para sí misma, te expones a un gran sufrimiento.

7. **No les debes explicaciones ni justificaciones.** Más bien se lo deben ellos a sus víctimas, aunque no se puede esperar que lo

hagan. Pretender explicar o justificar los sentimientos a un narcisista, es otra manera de entregarles sus municiones. Ellos no se comunican, no razonan y tampoco se preocupan por resolver los problemas. Todo lo que les importa es ganar.

8. **Nunca minimices o le quites importancia a su comportamiento.** Como ampliación del punto anterior, solo porque no sirva de nada intentar que escuchen cómo hieren sus palabras, acciones y comportamientos, no implica que lo minimices ante ti mismo. Es fundamental que te reconforte el hecho de que no tienen derecho a hacer sentir a los demás de esa forma, y que no permitirás que sus infamias te afecten. Tu autoestima es muy valiosa y no debes permitir que la debiliten.

9. **No esperes responsabilidad.** Ya hemos hablado de este punto, pero comprender que no van a asumir la culpa de su comportamiento te ahorrará mucho tiempo y energía. Si quieres que se responsabilicen de sus actos para que no

tengas que sufrir verbalizándolo, eso sería lo más apropiado. Ahora bien, no esperes que hagan caso de lo que les dices.

10. **No intentes desquitarte.** Aunque sea tentador ganarles la partida o vengarte, no vale la pena el esfuerzo. Los narcisistas llevan toda la vida haciendo lo que hacen, y son expertos en el terreno del dolor y el sufrimiento. Enfrentarte a ellos en su propio juego es como si un boxeador de peso ligero se enfrentara al campeón mundial de peso pesado. La mejor forma de defenderte a tu manera es apegarte a tus valores y ser fiel a ti mismo.

Aunque algunas de las recomendaciones pueden parecer algo obvias, para quienes están enredados en la red de un narcisista, o son novatos en este tipo de relaciones, es imprescindible que se mantengan informados y se protejan.

Los puntos positivos, o sea, lo que debes hacer, están pensados para ayudarte con el tema central del próximo capítulo. Se centrará en reconocer el efecto del maltrato narcisista en tu salud general. Para quienes puedan darse cuenta de lo que les está ocurriendo, constituirá un impulso adicional para enfrentar a la persona abusiva y les dará la fortaleza necesaria para alejarse de ella. Para quienes aún no están del todo seguros, la información permitirá abrir la puerta a la comprensión y, con un poco de suerte, a la aceptación. Nada es más importante que tu salud, y no podrás aguantar mucho tiempo cuando esta se vea deteriorada.

Con estos consejos te armarás del valor que necesitas para enfrentar y plantarte frente al maltratador narcisista. Su manipulación continuará incluso en el momento en que sepa que sus tácticas no le permitirán permanecer a tu lado, así que debes ser fuerte.

Estas son algunas de las cosas que *debes hacer* cuando te enfrentas a un narcisista:

- **Deja atrás la culpa.** Como ya sabes, intentar que el narcisista se haga responsable de su parte en el mal funcionamiento de las cosas, es un gasto de energía y de emociones. No admitirán nada que los haga parecer contrario a la imagen de perfección que creen que tienen.

- **Empatiza con sus sentimientos.** Muchos pueden pensar: "¿Por qué debo sentir la más mínima empatía por ellos si ellos no la sienten para los demás?". En ocasiones, el mejor modo de poner fin a la discusión con mayor rapidez, o al menos suavizarla, será empatizar con sus sentimientos. Puede resultar difícil ponerlo en práctica, aunque responderán mejor a un acercamiento más apacible.

- **Haz que piense que están juntos en esto.** Utilizar el "yo" o el "tú" los separa a cada uno, algo que nunca va bien con un narcisista, así que optar por la expresión "nosotros" es una medida inteligente. Estarán bastante molestos si te enfrenta a ellos o te defiendes, pero usar el "nosotros" hará que recuerden que se trata del comportamiento de los dos.

- **Ponte a ti en primer lugar.** Es difícil de poner en práctica cuando te han obligado siempre a poner a la otra persona por delante de tus propios deseos y necesidades. Mantente por delante y no les des el poder de volver a meterte en su red.

- **Ignora la provocación.** Cuando se confronta al narcisista, intentará volcar todo en ti, incluyendo insultos, culpa o denigración. Naturalmente, una reacción normal es ponerse a la defensiva, pero es exactamente lo que quieren. Deberás ignorar los insultos, no hacer caso a las provocaciones y concentrarte en la cuestión fundamental.

- **Está bien que no te pidan disculpas.** Como ya hemos comentado, no sienten remordimientos ni empatía, dos elementos que debes sentir para ofrecer una disculpa sincera. Sencillamente, no pueden ofrecer algo que no sienten ni con lo que no se identifican.

- **Cuando todo lo demás falle, alimenta su ego.** Si no consigues encontrar la escapatoria en ninguno de estos escenarios, pon en práctica el arte de la distracción. Les fascina hablar de sí mismos y les encanta que se les dé la oportunidad de probar que saben más que nadie. Si no funciona el cambiar de tema, intenta pedirles un consejo. Es un último truco para, al menos, terminar con el eterno círculo de discusiones.

Las discusiones te prepararán mejor para asimilar el enfoque del próximo capítulo sobre el reconocimiento, el tratamiento y la denuncia del comportamiento abusivo del narcisista. Es el momento de dar el primer paso para poner fin a la relación tóxica y prepararte para tomar el camino de la recuperación.

Capítulo 3

Reconocer y frenar el maltrato narcisista

Está bien hablar por ti mismo, ser asertivo y rechazar la falta de respeto. Eso no te hace agresivo. Te convierte en alguien que establece límites saludables.

–Karen Salmansohn

Lo más difícil de estar en una relación abusiva, sin importar la categoría que sea, es darte cuenta de que están abusando de ti. El reconocimiento es esencial para armarse de valor y poner fin al vínculo, así como para reconstruir la autoestima en el proceso de recuperación y desarrollar la capacidad de resistencia para avanzar en el proceso de curación. Aceptarlo, no significa asumir y aceptar lo que te ha sucedido, se trata de tomar conciencia del abuso y así poder hacer cambios positivos.

Este capítulo será el punto álgido del libro. Al contar con la información necesaria sobre el narcisista y sobre su personalidad, y al facilitar el reconocimiento de sus tácticas, resultará más fácil empezar a cambiar las cosas. Para las víctimas de los métodos ponzoñosos de un narcisista es primordial comprender que el trato que soportan no es normal, que no se lo merecen y que les provoca algo más que sentirse mal consigo mismas (lo que, de por sí, ya es suficiente). El maltrato, sobre todo cuando afecta a todas las áreas de tu bienestar, es perjudicial para tu salud en general. Tiene efectos persistentes en tu mente, incluidos traumas de los que puede que nunca te recuperes del todo. Finalmente, como el maltrato afecta a la esencia misma de tu ser y de tu autoestima, te podría llevar mucho tiempo en ser capaz de confiar en ti mismo y en los demás o incluso de verte de la misma manera.

¿Debería permitirse que una persona tenga tanto poder

como para destruir a otro ser por completo? Nosotros te decimos que no. Y pronto, tú también lo harás.

Durante este capítulo, tomarás conciencia sobre cuán profundamente te ha perjudicado el maltrato del narcisista. Podrás reconocer las señales para ser capaz de contrarrestar esas respuestas con otras más positivas. Conocerás la mejor forma de confrontar a tu abusador para después poder cortar los lazos con él. Si necesitas un incentivo extra, explicaremos con exactitud la forma en que esa persona interfiere en tu funcionamiento general. Es el momento de realinear las zonas desfragmentadas de tu mente, cuerpo y espíritu, comenzando por recuperar el poder que el agresor cree tener sobre ti.

Esto puede ser una situación difícil para algunos de ustedes. Podría ser una buena idea ponerte en contacto con tu médico de cabecera para resolver ciertos puntos, sobre todo los que se centran en la salud física o mental. Sabiendo que ambas áreas han pasado por una gran cantidad de traumas, tener un poco de perspicacia y cuidado para asegurarse de salir adelante, es una sabia elección.

Finalmente, verás la luz

Todos los tipos de maltrato suelen seguir un patrón específico y definido basado en el control. Los narcisistas comienzan de forma lenta y constante por atraer a su objetivo, dándole atención y detalles bonitos para que llegue a donde quieren, y después empiezan a revelar su verdadero yo.

Hay que señalar que las personalidades narcisistas y el maltrato no están relacionados en todos los casos. No todos los maltratadores tienen personalidades narcisistas, aunque también puedan ser controladores y manipuladores. Y las personas pueden presentar algunos de los rasgos de personalidad de un narcisista, sin ser maltratadoras. El hecho de que esto sea así, no le da a *nadie* el derecho de lastimar a otros para su propio beneficio. Aquí están las principales señales para reconocer cuando se está en una relación narcisista:

1. **Eran perfectos... al principio.** Esto ya lo hemos discutido, pero merece la pena mencionarlo de nuevo. Los narcisistas quieren que creas que les interesas profundamente y te

ponen en un pedestal. Pero una vez que te tienen, ya no se esfuerzan tanto y acabas siendo tú quien deba trabajar para retenerlos.

2. **Los demás no ven al narcisista como tú.** Ya es suficientemente difícil verlo tú mismo, pero cuando quienes los rodean, especialmente *sus* amigos y familiares, lo excusan, comienzas a dudar aún más de ti mismo. Apégate a lo que ves.

3. **Te hacen quedar mal.** Con el fin de mantener su fachada de perfección, hacen que parezcas una mala persona. Generalmente eso implica difundir rumores, criticarte a tus espaldas o inventar mentiras que supuestamente dijiste. Pero lo peor, es que cuando intentas enmendar la situación o echarle la culpa, el narcisista usa esa defensa para apoyar sus propias mentiras. Esto es frustrante porque la persona generosa y maravillosa que mostraba ser inicialmente, es lo que los que te rodean siguen creyendo que es, incluso si tú lo ves como lo que realmente es.

4. **Experimentas síntomas de ansiedad y/o depresión.** Esta persona tóxica pudo haber hecho que te preocupes por no actuar como se esperaba que lo hicieras, o porque no hiciste algo bien o lo suficientemente bien. Al hacer de esta persona todo tu mundo, puede que pierdas el sueño, no tengas interés en las cosas que solías hacer o desarrolles una actitud de "¿Cuál es el punto?". En esencia, asimilas toda la palabrería y el trato negativo con tanta profundidad que te lo crees todo. Se trata de una mentalidad peligrosa, por lo que, si sientes que estás avanzando por este camino, debes buscar apoyo externo tan pronto como sea posible.

5. **Tienes malestares físicos sin causa aparente.** No es extraño que cuando internalizas gran cantidad de negatividad, te empieces a sentir mal. Entre los síntomas más comunes que no tienen relación con una enfermedad en curso se incluyen: alteraciones del apetito, trastornos estomacales, dolores corporales, insomnio y fatiga. Se trata de las típicas respuestas del organismo ante el estrés,

aunque si se acentúan o se tornan crónicas, debes acudir a un médico inmediatamente.

6. **Te sientes solo.** Otro síntoma común del maltrato. Si la situación es muy grave, el narcisista te puede llevar a aislarte de tus amigos o de tu familia, tanto por cosas que él mismo ha hecho o por hacerte creer que no hay nadie más para ti que él.

7. **Te paralizas.** Cuando te apartas del maltrato desde el punto de vista emocional, te congelas. Se trata de un mecanismo de afrontamiento que permite reducir la intensidad del trato que recibes anestesiando el dolor.

8. **No confías en ti ni siquiera para tomar decisiones sencillas.** Cuando tu autoestima es destrozada a través de la desvalorización y las críticas, no es extraño que no puedas tomar decisiones. Si además estás siendo víctima del gaslighting, esto agrega un nuevo nivel de inseguridad personal.

9. **No puedes establecer límites.** No hay límites

para un narcisista, ni tampoco los respetan, por eso es difícil mantenerlos a distancia, incluso después de que hayas logrado alejarte. El establecimiento de límites se tratará en mayor profundidad en un próximo capítulo.

10. **Pierdes contacto con tu verdadero yo.** La persona en la que te conviertes al estar con un abusador narcisista es muy distinta de la que eras antes de relacionarte con él. Te han transformado en quien quieren que seas, haciéndote sentir una persona perdida e inestable, y sin un objetivo real en la vida.

11. **Nunca crees hacer nada bien.** Mencionamos esto brevemente con anterioridad, pero éste es uno de los signos principales del abuso narcisista. Viendo la situación en su conjunto, puede que te echen la culpa continuamente si las cosas no van bien, aunque no seas culpable. Es posible que hagas una cosa tal y como te dicen que la hagas, pero que aun así, sigan viendo defectos en los resultados. Se parece a como se sienten los soldados rasos cuando el sargento

instructor va en busca de errores cometidos en su trabajo.

12. **Caminas sobre cáscaras de huevo.** Esto ocurre cuando intentas evitar cualquier tipo de conflicto, maltrato o reacción, esforzándote al máximo para hacer feliz al maltratador.

Este listado de señales permite entender que el hecho de ignorar lo que te está haciendo el maltratador narcisista puede provocar en ti efectos mentales, físicos y emocionales a largo plazo. Por decirlo de alguna manera, esto no es justo, y nadie debiera sentir que tiene que tener el control sobre otra persona. Así que, ¿cómo puedes hacer para detener el tren y llegar al punto final?

Al final del capítulo anterior, tratamos la forma de atenuar el nivel de intensidad de una discusión. Ahora compartiremos cinco maneras de confrontar al narcisista sobre sus abusos y salir relativamente ilesos.

Estas son cosas que debes que tener en cuenta para establecer y reforzar los límites:

1. **Educarles.** A decir verdad, un narcisista no está

precisamente a tono con sus habilidades interpersonales o de comunicación. Trata de usar estímulos u otros motivadores para conseguir que presten atención a la forma en que su comportamiento afecta a los demás. Es posible que no empaticen o que no parezca que entienden lo que dices, por lo menos podrás decir que intentaste plantearlo desde tu punto de vista.

2. **Entiende cuáles son tus derechos personales.** Para poder exigir que te traten de forma justa y respetuosa, debes saber cuáles son tus derechos. Puedes decir que no, tienes derecho a tus sentimientos, a tu privacidad—y no existen votos matrimoniales o de pareja que digan que estás a la entera disposición del otro. Si una persona ha sido objeto de maltrato durante mucho tiempo, puede no tener la confianza o la autoestima necesarias para hacer valer sus derechos. No obstante, mientras más poder recuperes, menos tendrá el abusador.

3. **Sé asertivo.** Esto depende de la confianza y requerirá práctica, pero merece la pena. Ser

asertivo implica defenderse y mostrarse con orgullo por lo que uno es.

4. **Pon en práctica tus estrategias.** Con la información que acabas de recibir, cuentas con una ventaja: eres consciente de lo que quieres, lo que exige el narcisista, lo que puedes hacer y las pequeñas áreas secretas sobre las que puedes tener poder. Aprovecha estos aspectos para armar tus propias estrategias.

5. **Vuelve a fijar tus límites.** El límite es una línea invisible en la arena. Determina el punto que no permitirás que los demás crucen o te harán daño. Estos no son negociables y los demás deben conocerlos y respetarlos. Pero debes saber cuáles son esas líneas antes de dejárselas claras a los demás.

6. **Establece consecuencias.** Como una extensión del punto anterior, si alguien intenta pasar por alto tus límites, procura que haya una consecuencia. No hace falta que sea una amenaza, sino que más bien digas: "Si _____, no podemos estar juntos/dar/hablar/etc.". Simplemente estás

indicando que cruzar el límite te hace daño, por lo que, si deciden ignorarlo, eliges no aceptar ese tratamiento.

El narcisista es incapaz de tolerar que te defiendas, pero es importante. El hecho de defenderte aumentará tu confianza y autoestima, así como tu autovaloración. Así estarás en condiciones de recuperarte y sanar.

Los efectos del maltrato narcisista en tu salud en general

En la sección de síntomas, se han descrito varios de los efectos del maltrato narcisista. A continuación, vamos a enumerar algunos efectos adicionales y concretos que este abuso tiene sobre la salud en general.

Las consecuencias varían en función del tiempo de exposición de la víctima, así como de la gravedad del abuso. A continuación, se presentan algunas otras formas en las que este tipo de maltrato puede tener un impacto negativo en tu salud:

- **Conducta autodestructiva:** Cuando una persona lleva mucho tiempo inmersa dentro de una relación abusiva, arrastra sentimientos de culpa y vergüenza aun después de que la relación haya terminado. Esto puede derivar hacia formas de autoagresión y abuso de sustancias con el fin de superar lo que el abusador les ha hecho.

- **Ser demasiado complaciente:** La obligación de hacer que las necesidades y requerimientos de otra persona se conviertan por completo en una prioridad desde el momento en que te levantas hasta que te acuestas, podría llevar a extender esa complacencia hacia otras áreas de tu vida.

- **Problemas de confianza:** Ser abusado mentalmente al punto de dudar de ti o no confiar en nadie, podría generarte serios problemas de confianza. Esto podría incluso conducir a problemas más severos tales como la ansiedad social. Esto crea dudas acerca de lo que te dicen los demás, de lo que realmente quieren decir y de su honestidad.

- **Desconexión emocional:** Es frecuente no entender cómo responder emocionalmente a las situaciones o a las personas, o incluso no expresar las emociones en absoluto.

- **Problemas cognitivos:** Pueden ser consecuencia del propio maltrato e incluso de los síntomas físicos que deterioran la salud. En muchos casos, no dormir, puede provocar muchos de los síntomas mencionados anteriormente, así como trastornos digestivos. Otros problemas incluyen la pérdida de memoria, la dificultad para concentrarse, la pérdida de atención en la realización de tareas básicas y la pérdida de interés.

- **Incapacidad de perdonarse a uno mismo:** Los sentimientos de inferioridad, vergüenza y culpa disminuyen con el tiempo, pero no desaparecen por completo. De forma similar al trastorno del estrés postraumático, basta una mínima situación desencadenante para revivir el trauma. Otro aspecto es el daño en la autoestima que nos hace no esforzarnos para lograr nuestras metas o sueños, y autosabotearnos por estar convencidos de que no merecemos la felicidad o el éxito.

El reconocer todo el abuso por el que pasaste, y el informarte sobre los efectos que produjo en tu salud, debes verlo como algo positivo.

Sí, resulta duro mirarte interiormente y ver hasta qué punto el maltrato te ha perjudicado. Pero también debería resultar inspirador el hecho de saber que tienes en tus manos el control y el poder para detenerlo, cambiar tu vida y mirar hacia un futuro radiante.

Ese será el tema central de nuestro próximo capítulo, el cual te guiará hacia los primeros pasos en tu camino hacia la recuperación.

CAPÍTULO 4

Recuperación del abuso narcisista

No me fui porque dejé de amarte. Me fui porque cuanto más me quedaba, menos me amaba a mí misma.

–Rupi Kaur

Afortunadamente, tras leer el capítulo anterior, sentirás un nuevo impulso para seguir los pasos necesarios para separarte de tu pareja tóxica. Si ya elegiste alejarte o le convenciste de hacerlo, entonces ya diste el primer paso en el camino de la recuperación y la sanación. Si todavía no lo has hecho, te daremos algunos consejos sobre cómo te puedes preparar para salir de la forma más rápida e indolora posible. Es hora de vivir tu vida como te lo mereces.

Una vez elaborado el plan para apartarte de tu abusador, en este capítulo encontrarás varios consejos para que sigas adelante por el camino hacia la recuperación. Debes saber que no tienes por qué seguir pensando que nadie te creerá, ni te ayudará, ni estará a tu lado. Es cierto que habrá personas que se pongan del lado del narcisista, pero solo es porque ellos son muy hábiles con su estrategia de sabotaje; pero la buena noticia es que no todas las personas son tan fáciles de influenciar.

El próximo paso consiste en crear tu plan de recuperación, que incluye la importantísima red de apoyo. Entonces, no solo contarás con instrumentos y estrategias para prepararte para el camino de la recuperación, sino que además dispondrás de un plan establecido para cuando el agresor se introduzca en tus pensamientos y te provoque emociones. La superación de una relación abusiva es compartida por la misma parte de tu cerebro que se encarga de que las adicciones a las sustancias estén presentes siempre. El narcisista era tu mal hábito que se adueñaba por completo de tu vida y te lastimaba, así que para superarlo tendrás que tener fuerza interior, constancia y voluntad para resistirte a sus encantos.

Iniciaremos con varias cuestiones fundamentales que quizás no te han dicho que ocurrirían mientras recorres tu camino de recuperación del abuso narcisista. Este será un poderoso estímulo para conducirte al enfoque del próximo capítulo sobre la sanación de tu ser interior.

Cómo dejar a un narcisista y mantenerse lejos

Finalizar una relación tóxica con un narcisista es bastante difícil, sin embargo, realmente levantarse y abandonar a esa persona resultará ser una de las decisiones más difíciles que enfrentes; pero a la vez, será de las mejores y más saludables que tomes. No obstante, para ti será mucho más sencillo dejarlo ir que para el narcisista, y no te lo pondrán fácil. Es más, es posible que te surjan preguntas importantes sobre si estás tomando la decisión correcta. Además, cuando hay niños de por medio, los pensamientos sobre la posibilidad de dejarlo, pueden invadir tu cerebro con más fuerza.

La primera pregunta que debes hacerte, y que no aparece en esta breve lista, es ¿quieres que tu *hijo* continúe viendo el comportamiento abusivo de esa persona hacia ti? Y más importante aún, ¿quieres que esta persona influencie a tu hijo para que sea de la misma manera? Ojalá que tu respuesta sea un gran "no" a esas dos preguntas.

Aquí tienes otras preguntas que debes considerar antes de que te recordemos las razones por las que estarás mejor sin ellos:

- **¿Y si les doy la oportunidad de cambiar? ¿Es posible?** Una respuesta de carácter humanitario es que todo es posible. Sin embargo, en el caso de los narcisistas, la respuesta es no. Ellos no ven nada malo en su comportamiento, te culpan de cualquier equivocación, y el trato que te dan, empeora cuanto más tiempo permaneces en la relación. Esa debería ser la respuesta contundente y prolongada que necesitas a la hora de mantener tu decisión.

- **¿Qué pasa si intentan llamarme o enviarme mensajes de texto?** Sucederá, porque no les gusta perder. La mejor forma de lidiar con sus tentativas de contacto, es seguir una regla estricta de "no contacto", que discutiremos más adelante. Es una regla que tienes que establecer y no abrirles ni una rendija.

- **¿Cómo puedo compartir la crianza de mis hijos con un narcisista?** Es una pregunta difícil que puede requerir la intervención de un terapeuta para que trabaje con ambos padres. Primeramente, ser padre es colaborar y participar en cada decisión relacionada con el cuidado del niño. Si uno de los progenitores es incapaz de realizar estas tareas, es posible que la situación requiera alguna intervención. Después de todo, el niño no es un objeto por el cual pelear, sino una persona con derechos, deseos y necesidades que deben ser satisfechas. Cuando el narcisista no esté dispuesto a colaborar contigo, o no quiera hacerlo, deberás hacer, ante todo, lo que sea mejor para el niño.

- **¿Cómo puedo proteger a mi hijo de ser influido o lastimado por un narcisista?** Ya sea un amigo, un familiar, un padre, un profesor u otra persona, los niños están enormemente influenciados por quienes les rodean. Si existe cualquier indicio de que el niño está sufriendo el mismo maltrato que tú, debes intervenir inmediatamente. Conversa con tu hijo y enséñale el arte de la negociación y el trato justo. No permitas ningún abuso a su alrededor y no te pongas al nivel del maltratador insultándole, menospreciándole o expresándole abiertamente sus sentimientos negativos. Si estás enseñándole a tu hijo el mejor comportamiento, sin conflictos para tratar con los demás, aunque esté influenciado por el narcisista, le estás enseñando la manera adecuada de afrontar la adversidad. Puede que no lo parezca inicialmente, pero ven y aprecian lo que estás haciendo. En el futuro, será a ti a quien respeten por haber manejado las cosas con altura.

- **¿Qué hago si el padre o la madre narcisista obtiene la custodia de mi hijo?** Aunque resulte difícil de creer, esto puede ocurrir. Lo único que puedes hacer en calidad de padre o madre separado es asegurarte de que el niño no esté siendo manipulado, ni utilizado para hacerte daño, o maltratado de alguna otra manera. Recuerda que la situación no es culpa tuya y procura vivir lo mejor que puedas. Mantén las líneas de comunicación abiertas con tu hijo, y escúchale de forma empática cuando hables con él. Es algo que tal vez no reciba de la otra persona que le cuida. En ningún caso toleres que tu hijo te maltrate o te falte al respeto y díselo. Asegúrate de practicar el autocuidado (del que hablaremos más detalladamente en un capítulo posterior) y de rodearte de personas cariñosas, comprensivas y que te apoyen. Y, sobre todo, no pierdas nunca la esperanza. Que no pase un solo día sin recordarle a tu hijo lo mucho que le quieres.

Superar una relación tóxica no es echar toda la culpa al maltratador. Es más bien lidiar con los sentimientos que inicialmente te atrajeron a esa persona. También implica ser completamente consciente del "tú" que se dejó de lado durante el transcurso de esa relación. Esto significa no concentrarse únicamente en el dolor que la persona causó, si no en su origen y en su cura.

En este momento es importante que recuerdes todos los *motivos* para marcharte. Y aunque esa persona no piense facilitar tu salida, tienes que saber que eres más fuerte de lo que crees. No todos los que se encuentran en la misma situación siguen su instinto, permanecen firmes en sus límites y siguen adelante sin importar lo difícil que parezca. Además, hay varias cosas que debes recordar para triunfar durante tu salida de la forma más segura posible:

1. **No habrán más oportunidades.** Se podría pensar que una persona que te trató indignamente estando a su lado no tendría ningún problema en dejarte ir, ¿verdad? No es así. Es más, es posible que al principio te suplique que te quedes, que te prometa que va a cambiar, que te cuente sus penas o que vuelva a machacarte para que cambies de parecer. Pero si caes en su trampa, no tardarán en volver a ser

como antes, o te tratarán incluso mucho peor para castigarte. ¿En resumen? No le des ninguna segunda (tercera, cuarta, etc.) oportunidad. Ya tomaste tu decisión, ellos tienen que asumirla.

2. **No le digas que te vas inmediatamente.** Puede parecer que esto contradice lo que se dijo anteriormente, pero demorar en decirle al maltratador cuándo te vas es una decisión sabia. En el mejor de los casos, irse cuando ellos no están ahí aliviará mucho el drama, y ciertamente no necesitan una hora y una fecha exacta de cuándo planeas irte. Como en los puntos anteriores, el narcisista tratará de hacer lo posible para que te quedes, no porque luche por tu relación, sino porque tienes el valor de dejarlos. Protégete lo más que puedas.

3. **No les des la oportunidad de espiarte.** No se trata únicamente de cambiar la contraseña de todos tus dispositivos. También tienes que asegurarte de que no puedan averiguar dónde estás o qué estás haciendo. Cierra la sesión de todo, modifica las contraseñas, créate una nueva

dirección de correo electrónico y cerciórate de que no tienes ningún tipo de rastreador en tu teléfono. Puede parecer exagerado, pero más vale estar demasiado seguro que ser vulnerable.

4. **Cambia tu cuenta bancaria.** Si nunca compartiste cuentas, deudas o bienes con el narcisista, no debería ser capaz de llegar a ti a través de un banco. Si compartiste alguna cuenta con ellos, retírate de ella, ciérrala o directamente toma lo que es tuyo y ábrete tu propia cuenta sin que se enteren.

5. **Vuelve a conectar con tu familia y amigos.** Puede que no hayas tenido contacto con tus amigos o familiares cercanos durante mucho tiempo, pues los narcisistas no están abiertos a que sus parejas tengan vínculos de apoyo ajenos a su ámbito de control. Te sorprenderá que algunos de ellos puedan haber sabido que algo no estaba bien pero no sabían cómo intervenir sin que las cosas empeoraran. Las buenas amistades y la familia siempre estarán ahí, incluso después de un paréntesis.

6. **Deshazte de las demás personas tóxicas.**
Como ampliación del punto anterior, no todos
serán tan solidarios. Es más, puede que algunos
se pongan del lado del narcisista, creyéndose sus
mentiras. Mientras te alejas del maltratador,
aprovecha para librarte de los demás con la
misma mentalidad. Ya no necesitas más gente
así a tu alrededor.

7. **Una vez que te vayas, no vuelvas, por
ningún motivo.** Anteriormente mencionamos
el hecho de que terminar una relación abusiva es
similar a romper un hábito, de acuerdo con el
cerebro. Un hábito es creado al hacer algo
continuamente hasta que se hace sin pensar, y
para romperlo se requiere mucho trabajo.
Considera a tu abusador narcisista como un
hábito que debes romper, incluidos esos
impulsos que intentan atraerte de nuevo a él.
Está hecho, se acabó, y no hay razón para
volver.

8. **Tira a la basura los regalos o cualquier
chuchería que te haga daño.** Vamos a ir un

paso más allá: Junta todo lo que te recuerde a esa persona y arrójalo todo a la basura. Ya no necesitas ningún recordatorio de su presencia y el hecho de tirar las cosas es significativo. Todo lo que te recuerda a esa persona desaparece de tu espacio, permitiéndote avanzar.

9. **Afronta el trauma.** Es posible que para ello tengas que recurrir a una persona de tu red de apoyo (lo que se tratará más adelante) o a un profesional. Para continuar con tu propia vida, puede que no baste con tirar las cosas del maltratador. Todavía vivirás con las cicatrices. Afronta todo lo que ha pasado, lo que te quitaron, y conviértete en una persona sana. Cuando puedas hacerlo, entonces estarás listo para dejar de lado todo.

10. **Haz una lista.** Si el maltratador narcisista sigue poniéndose en contacto contigo o empieza a acosarte, registra todas y cada una de las veces. Esa información te ayudará si necesitas obtener una orden de prohibición de contacto o formular cargos. El acoso no sólo es ilegal, sino

que atenta contra los derechos fundamentales de una persona.

11. **Denuncia lo que te ocurrió.** Tanto este punto como el anterior están estrechamente relacionados. Hay muchas personas que nunca acuden a las autoridades, o incluso que no le dicen a su médico de cabecera que están siendo maltratadas. En caso de que te preocupe plantear la situación, tu médico puede, al menos, derivarte a recursos que puedan ayudarte.

Estos son algunos de los aspectos en los que no siempre pensamos a la hora de terminar una relación tóxica y apartarnos del maltratador. Hay que recordar que debes protegerte desde todos los ángulos para que esa persona no tenga ninguna carta que jugar. Las han mantenido firmemente durante mucho tiempo. Llegó el momento de que enseñen la mano y paguen su deuda.

Creación de un plan de recuperación

Antes de empezar a crear un plan de recuperación, puede resultar de utilidad conocer algunos datos que no muchos saben o comparten abiertamente contigo sobre este proceso. Estas cuestiones son importantes para que la razón de crear tu plan de recuperación tenga más sentido.

- **No hay una serie de pasos establecidos para la recuperación.** Al contrario de lo que ocurre con la superación del abuso de sustancias u otra adicción, no hay pasos establecidos para recuperarse de una relación abusiva. El proceso no es lineal; no se consigue siguiendo un orden secuencial. No se hace hincapié en pasos específicos, lo que puede ayudar a las personas a creer que están haciendo lo que deben hacer cuando deben hacerlo. Puede llevar años curarse del maltrato. Tómate el tiempo necesario.

- **Las redes sociales echan leña al fuego.** Existen algunas plataformas útiles, y en ocasiones es muy reconfortante cuando otros publican palabras de sabiduría y experiencias personales. En vez de leer las publicaciones de extraños, es mejor que busques las de profesionales con conocimientos, formación y experiencia en el maltrato narcisista.

- **Aprende a confiar en ti.** El juego mental al que te sometieron puede hacerte dudar de tu propia cordura. Para poder comenzar la recuperación, debes encontrar la manera de confiar de nuevo en ti mismo. El restablecer tu autoestima y confianza de a poco, te ayudará a remover lentamente esos mensajes negativos que se reproducen en tu cabeza.

- **Es posible que sientas que nunca se cerrará el tema.** Muchos de nosotros consideramos que la conclusión de una situación, acontecimiento o experiencia marca su final y nos permite dejarla ir. El cierre se puede producir de muchas maneras diferentes, según la persona. Los que tratan de seguir adelante con una nueva vida tras una relación de maltrato con un narcisista, simplemente quieren comprobar que todo lo que sucedió no fue su culpa. Las víctimas quieren que el maltratador demuestre algo de arrepentimiento por lo sucedido, lo que no ocurrirá con un narcisista. Esto implica encontrar el cierre que se necesita de una forma diferente, y esto es desde el interior. La fortaleza y el coraje que se necesitaron para alejarse de ese grado de abuso son muy poderosos, y no son movimientos que puedan hacer muchas otras personas en la misma situación. La conclusión que buscas se puede extraer de eso, además de saber que terminaste una relación muy tóxica por tus propios medios para conseguir una mejor vida sentirte mejor con tu persona. Esto es algo que el narcisista no puede quitarte.

● **Busca la ayuda *correcta*.** Es imprescindible que te rodees de gente que te apoye en tu proceso de recuperación. Esto implica abrirte frente al profesional de la salud que te esté tratando para que sea capaz de guiarte en la recuperación de tu cuerpo de forma adecuada. Es absolutamente necesario un terapeuta con experiencia y que comprenda la personalidad narcisista y su impacto en otras personas. Lamentablemente, no existen muchos terapeutas capacitados expresamente en víctimas de abuso narcisista. Si no encuentras uno con este enfoque, intenta buscar otro recomendado por tu proveedor de atención médica, por otros sobrevivientes de esta forma de abuso, por terapeutas que se ocupen de los síntomas continuos que tienes (por ejemplo, ansiedad, depresión, TEPT) o incluso por un terapeuta experto en terapia cognitiva conductual (TCC) o en terapia informada por el trauma. Ambas trabajan con las personas para superar los síntomas traumáticos mediante el aprendizaje de mejores respuestas a los desencadenantes.

Abordaremos el último punto con más detalle en el próximo capítulo, pero son pasos importantes para crear tu plan de recuperación individual. Son básicamente cuatro, los pasos para crear tu plan de recuperación que podrás revisar y actualizar a medida que avances en tu camino de curación.

Cada persona tendrá una visión de su plan tan individual como lo es su situación, pero en su base se encuentran estos apartados básicos:

Primer paso: cortar el cordón umbilical con el narcisista

En este punto, es posible que algunos de ustedes ya hubieran realizado este paso, pero se incluye para quienes no lo hayan hecho.

- Sal del estado de negación y acepta que lo que estás viviendo es un abuso.

- Entiende todo lo que puedas sobre la personalidad narcisista y apóyate con información. Esto devuelve parte del poder a tus manos.

- Rompe toda comunicación o contacto con el narcisista. En caso de que esto no sea posible porque la persona es un miembro de tu familia o un compañero de trabajo, deberás aprender estrategias de bajo contacto.

Paso dos: el cuidado personal es la prioridad número uno:

El autocuidado -el cuidado de la salud física, mental, emocional y espiritual- resulta ser lo primero que se deja de lado al tener una relación con un narcisista. Es necesario que esto vuelva a su lugar:

- Cambia tu forma de pensar de "quieren que ____", o "si no hago ____ lo pagaré", a "necesito

_____ para mí". En un principio te será difícil colocarte en primer lugar, pero en eso consiste el autocuidado.

- Establece una red de apoyo sólida con profesionales, así como con familiares y amigos confiables que serán tus aliados durante tu curación.

- Vuelve a conectar con las áreas que conforman tu ser completo, nutriendo cada uno de los ámbitos de tu salud en general.

- Identifica a quienes desencadenan recuerdos o vulnerabilidad emocional y restringe cualquier contacto con esas personas.

Tercer paso: Revisiones diarias con tu ser interior

La finalidad que persigue este paso es mantener tu objetivo final y garantizar que tu percepción del mundo concuerda con lo que estás haciendo para fortalecer tu interior:

- Afronta cada situación con honestidad,

responsabilidad y coraje.

- Haz una autoevaluación diaria para asegurarte de que tus pensamientos, sentimientos, reacciones y comportamientos están bien encaminados. Si hay algún problema, asúmelo como un reto diario para afrontarlo y resolverlo eficazmente.

- Realiza una revisión por separado siempre que te encuentres con una persona que te genere recuerdos de tu relación abusiva o te resulte tóxica de alguna forma.

Paso 4: Fortalece la conexión con tu ser interior

Son puntos que permiten mantener todo lo que has hecho hasta ahora, y llevar un control de lo que funciona y de lo que hay que ajustar:

- Deja ir los sentimientos de vergüenza, culpa o recriminación perdonándote a ti mismo. Hiciste todo lo que creíste necesario para protegerte, y lo sigues haciendo.

- Aprende a dejar ir todos los sentimientos de dolor,

y permítete hacer el duelo por la relación. A muchos les puede parecer extraño este punto, pero pasaste mucho tiempo con alguien y le entregaste tu corazón. Así que, aunque la relación fuera abusiva, todavía hay que elaborar el duelo: por lo que dejaste de lado, por el tiempo que perdiste con el maltratador, o por lo que sea que te parezca y sientas. Míralo, acéptalo, siéntelo y después déjalo ir.

- Permanece en sintonía con tu voz interior y procura que todo lo que te diga sea positivo, amoroso e inspirador. Siempre que comiencen a reproducirse más voces negativas, detenlas recordándote todo lo bueno que estás haciendo y que esas voces ya no pueden afectarte.

- Revisa constantemente tus límites. ¿Están suficientemente claros? ¿Necesitan ser reestructurados? ¿Necesitas unos nuevos? ¿Has eliminado ya los antiguos que no te sirven? Los límites son muy importantes para saber qué aceptas como apropiado de los demás. Saliste de una relación en la que no se reconocían ni respetaban, así que ponlos de nuevo inmediatamente y no dejes de cumplirlos.

- No aceptes ninguna clase de toxicidad en tu nueva vida por ningún motivo. No necesitas que intenten atraerte a un mundo al que le diste la espalda porque te perjudicaba.

Este es el modelo de plan de recuperación a grandes rasgos. Puede resultar muy útil tener un diario o dos para llevar la cuenta de tus progresos, e incluso para anotar tus pensamientos o sentimientos. Esas cosas tienen que ir a algún sitio, y para eso es buena la terapia. Pero escribir un diario es una forma segura de poner esos pensamientos, preocupaciones y emociones en algún lugar para no encontrar formas inadecuadas de afrontar la situación. En el siguiente capítulo, el análisis estará centrado en la importancia del establecimiento de una sólida red de apoyo, cómo reconstruir el ser interior y cómo integrar la actitud de fortaleza mental en el camino de la recuperación.

CAPÍTULO 5

Fortaleciendo el ser interior

Un narcisista no te rompe el corazón, te rompe el espíritu. Por eso se tarda tanto en sanar.

-Anónimo

A estas alturas del camino de la recuperación, resulta lógico que te plantees preguntas a medida que te viene un pensamiento a la cabeza, lo mismo que cuando experimentas un momento de debilidad en que no estás convencido de poder salir adelante. La más importante de ellas puede ser: "¿Cómo voy a reconstruir la persona que era antes de conocer al maltratador narcisista si ya no recuerdo a esa persona?".

Se trata de una pregunta muy real y desgarradora.

Aunque no lo creas, el hecho de tener interrogantes como ésta indica que estás en el camino hacia la recuperación, y ni siquiera lo sabes.

El ser que eras antes de que el maltratador entrara en tu vida siempre estuvo ahí; sencillamente se le hizo a un lado y fue ignorado mientras atendías las necesidades del narcisista. Al formular la pregunta anterior, o cualquier otra que pueda rondar por tu cabeza (que abordaremos en breve), quiere decir que tu ser interior desea que su voz vuelva a ser escuchada. Ahora que cada espacio de tu cabeza no está ocupado por la voz de otra persona, afloran tus propias necesidades. Por tanto, resulta posible recuperar esa persona que eras. Solamente necesitas una base más sólida sobre la que construirla. Y ese es el objetivo de este capítulo.

En primer lugar, veremos las etapas del proceso de recuperación del maltrato narcisista. Lo importante es que pases por ellas para reconocer y abordar todos los aspectos de la forma más saludable posible. Si quedan hilos sueltos sin atender, basta un tirón para deshacer todo el trabajo duro que estás haciendo. Dentro de estas etapas, se encuentran las cosas que definitivamente debes hacer (y no hacer) para consolidar tu camino de recuperación y curación.

El segundo aspecto que hay que analizar son las redes de apoyo. Existen cinco tipos diferentes de redes de apoyo, ya que tus necesidades dentro de cada grupo son ligeramente diferentes. Son personas a las que puedes necesitar acudir tanto durante como después de la decisión de salir de la relación abusiva. Algunos de ellos incluso puede que hayan estado ahí antes y durante esa experiencia. Otros pueden ser aquellos de los que obtuviste información o conocimientos que te ayudaron a ver la luz para el cambio. Vamos a hablar de la manera de reunirlos, de a quiénes debes incluir y a quiénes no, y de por qué su presencia es tan importante para tu curación y recuperación.

Las etapas de la recuperación y la importancia de las redes de apoyo

Durante el proceso de recuperación y curación es habitual pasar por diferentes etapas, y también es normal avanzar y retroceder por ellas a medida que aparecen viejos sentimientos que es necesario atender. No existen reglas fijas sobre cómo recuperarse ni sobre cuánto tiempo debe llevar.

La primera etapa -decidir activamente recuperarse- la estás transitando actualmente.

Puede que sea el resultado de un acontecimiento concreto -la gota que colmó el vaso- e incluso de una revelación en la que te das cuenta de que ya es suficiente. De todas formas, te cansaste de sentirte mal todo el tiempo y comprendiste que tenías que hacer algo para detenerlo. No es extraño que te estanques ahora, porque darte cuenta de que hay un problema y tomar medidas para conseguir un cambio, son fases diferentes. En el momento en que se te enciende una luz que te indica que necesitas sentirte mejor, eso te lleva a la siguiente serie de etapas:

- **Eliminar toda la toxicidad.** No se trata solamente de alejar al narcisista, sino de deshacerse de toda la negatividad con la que te colmaron. Eso necesita irse a algún lugar fuera y lejos de ti. Esto implica ponerte en los zapatos del abusador y mirar el mundo desde su perspectiva. Lo has hecho recopilando toda la información que has podido sobre el narcisismo y entendiendo quiénes son y cómo actúan. No se trata de que sientas empatía por ellos, sino más bien de que veas cómo lograron que absorbas su negatividad y puedas eliminar la toxicidad de tu cuerpo y tu mente. Sus palabras no van a desaparecer al instante, o en algunos casos, en absoluto. Este es un paso difícil, pero vital que te acercará a la recuperación.

- **Lidiar con la ansiedad.** La primera vez que la víctima se aleja de su maltratador narcisista, alguien ajeno a ella podría pensar: "¡Bueno, ya está! ¡Lo más difícil ya pasó!". No es verdad. Lo complicado al principio será el no disponer de nada más para desconectarse del caos. Piensa en ello: Hubo alguien que estuvo constantemente sobre ti, rebajándote, haciéndote dudar de todo lo que hacías, criticándote y generando una ansiedad extenuante. Al concentrarte únicamente en ti -tras no ser considerado durante tanto tiempo- puede resultar difícil adaptarse. Incluso, puede incrementar tu ansiedad. Aquí es cuando resulta útil acudir a los grupos de ayuda o a quienes forman parte de tu red de apoyo personal. No temas buscar orientación profesional. No es momento de hacer frente a todo por tu cuenta.

- **Enójate.** Todos los planes de recuperación o curación tienen una etapa en la que necesitas permitirte experimentar todas las emociones que sientas. La rabia es una de las más comunes. Siente enojo con el maltratador por lo que te hizo, enójate por no ver lo que sucedía, y por no enfrentarlo en el momento de hacerlo; moléstate por las distintas formas en que te humilló, y siente rabia por ser tú quien sigue sufriendo cuando ellos ya pueden haber seguido con su vida completamente libres de culpa. Esta etapa puede ir y venir a través de otras, y está bien. Significa que estás ganando.

- **Acepta la realidad para poder perdonarte.** Esta también puede ser una instancia difícil de atravesar. En definitiva, ¿cómo puedes perdonarte el haberte colocado en esa situación y el haberte mantenido con esa persona tóxica? Por eso debes hacerlo. El narcisista hizo y dijo cosas terribles que provocaron que todo fuera siempre culpa tuya. Lo hizo con tanta frecuencia y con tanta intensidad que absorbiste esa inmerecida responsabilidad en tu interior. El perdonarte significa que luchas contra esa mentalidad al decir: "No fue mi culpa. Yo no hice nada malo. No era consciente de ello". Esto impedirá que la culpabilidad, la vergüenza o el remordimiento intenten abrirse paso nuevamente, desviándote de tu recuperación. Perdonar es un acto poderoso, sobre todo cuando lo haces contigo mismo.

- **Establece y cumple la regla de no contacto.** Ya hablamos de esto anteriormente, pero el límite de no contacto que estableciste al irte, tiene que mantenerse a rajatabla y no ser cruzado por ninguno de los dos lados. Haz todo lo posible, lo que sea humanamente factible, por no sucumbir a sus ruegos para volver. No cambiarán. Al perderte no aprendieron nada. Ya no eres responsable por ellos. La situación puede ponerse fea. Incluso pueden ir a tus espaldas y tratar de hacerte parecer como si fueras tú el peor. Déjales. En definitiva, si no te opones ni tomas represalias, serán ellos quienes queden mal. Mantente fuerte y continúa tu camino.

- **No te involucres en una nueva relación demasiado pronto.** Empezar a relacionarte con otra persona mientras estás en el proceso de recuperación de una relación de maltrato es algo que no es bueno para ninguno de los dos. Sigues teniendo que lidiar con todo lo que te hicieron pasar, y además puedes estar todavía muy vulnerable como para atraer a otro narcisista. Tómate tu tiempo para sanar antes de lanzarte nuevamente al ruedo.

- **Disfruta de tu nueva vida y suelta.** Un paso que te llevará bastante tiempo dar de forma sincera y total, pero lo conseguirás. Dedica el tiempo que necesites a perdonarte y a llenar tu alma con toda la fuerza, la belleza y la luz que le han faltado. Continúa avanzando en tu nuevo camino hasta que seas capaz de soltar, y finalmente consigas alcanzar la paz.

Mientras atraviesas cada una de estas etapas, es necesario contar con la tranquilidad de saber que el respaldo está ahí para apoyarte en lo que necesites. Es un momento de la vida en el que es absolutamente preciso pedir, aceptar y aprovechar todos los ofrecimientos de ayuda de las personas de confianza. En la vida hay cosas por las que no se debería pasar en soledad.

La clave para las redes de apoyo personal

Como seguramente ha quedado claro, existen diversos factores que contribuyen al éxito de la recuperación, y uno de ellos es disponer de una buena red de respaldo formada por amigos, compañeros sobrevivientes, personas de confianza, familiares y terapeutas. La cantidad de gente que te respalda es tan importante como la ayuda incondicional y cariñosa que te pueden dar. Este apoyo se traduce no solamente en un efecto positivo en la salud mental, sino que además puede ayudarte en los períodos difíciles o de debilidad, así como aliviar los sentimientos de aislamiento o soledad.

Más concretamente, estas redes ofrecen lo que nos faltaba mientras estábamos con una persona que no tenía conexión con esos comportamientos y emociones, como por ejemplo que nos cuiden y nos valoren por cómo somos.

Las redes se dividen en cuatro grupos diferentes en base a la función que desempeñan:

- **Evaluación:** Los integrantes de este sector de la red de apoyo son a quienes recurrimos para que nos recuerden nuestras fortalezas y atributos. Además, nos ayudan a estar en sintonía con nuestra autoestima y confianza.

- **Informativa:** Las personas de esta red son aquellas que tienen conocimientos para hacer frente a situaciones estresantes o cuestiones específicas y saben dónde obtener recursos, información o apoyo adicional.

- **Instrumental:** También denominadas tangibles, es gente a la que podemos acudir en busca de servicios concretos, tales como llevarnos a una consulta, retirar algunos artículos de la tienda o inclusive brindarnos algún tipo de ayuda monetaria cuando la necesitemos. Este tipo de actos de bondad son de corazón, incondicionales, y sin expectativas de "retribución". Lo necesitas y te ayudan.

- **Emocional:** Entre todas las redes de apoyo, quienes ofrecen este tipo de ayuda puede que sean los más necesarios. Son quienes te abrazan, te secan las lágrimas, te ofrecen su hombro y te cuidan continuamente. Son los que no necesitan decir ni una palabra. Saben que su presencia es a veces todo lo que necesitamos.

Siempre habrá determinadas personas que nos apoyen, sin importar lo que el narcisista intente hacer durante la separación. Si una persona ataca a otra y esta última no reacciona de ninguna manera, esto dice más sobre la persona que arremete que sobre la persona a la que se dirige. Además, hay quienes se dan cuenta de lo que estás pasando a pesar de que no digas nada, y son los que te apoyarán incondicionalmente haciendo oídos sordos al maltratador. Sin embargo, tampoco está de más que renueves tu red de contactos de forma periódica.

Estarán aquellos que pensabas que estarían allí pero no lo están. Hay quienes estarían ahí, pero puede que estén pasando por sus propios momentos difíciles en los que tienen que enfocarse. La situación por la que estás transitando en este momento puede exigir que recurras a un grupo de apoyo distinto del que tenías antes. No obstante, te preguntarás: ¿cómo se supone que debes acudir, a quién y dónde? Además, los efectos residuales de estar en una relación muy abusiva han afectado tu confianza en los demás y en ti también.

Puede ser tranquilizador recordar que hay muchas otras personas que también están luchando con las secuelas del trauma, solo que necesitan formas seguras y accesibles de encontrarse. Es importante destacar que, a la hora de buscar en las redes sociales, hay que tener cuidado. Solemos atraer a quienes nos rodean en base a las vibraciones que emitimos. Y si buscamos a quienes también han pasado por una relación narcisista abusiva, unas de dos cosas podrían suceder.

Puedes atraer a gente que está en el mismo lugar que tú,

lo cual no es malo, a no ser que te mantengan ahí intencionadamente. Cuando tengas compañeros que hayan sobrevivido en tu red, la meta debe ser acoger a aquellos que hayan estado donde tú estás y hayan llegado al final. Se trata de personas que aspiras a ser una vez que recorras el camino de la recuperación y la curación. Relacionarse con otra persona que aún no ha llegado a ese punto es semejante a dos personas que a duras penas consiguen mantener la cabeza fuera del agua por separado mientras tratan de mantenerse a flote mutuamente. El punto es que si otra persona necesita tanto apoyo como tú, e incluso más, entonces no es alguien a quien acercarse todavía.

Lo otro que podría ocurrir es que atraigas a otro narcisista. Al parecer, saben cuándo alguien está en su punto más vulnerable para poder avanzar. Puede tratarse de una persona que no puedes detectar enseguida porque aún no te recuperas del todo de la última relación tóxica. No obstante, tienes la ventaja de que conoces más y eres más consciente de lo que eras inicialmente, por lo que, si las cosas empiezan a parecerte familiares, huye.

Habiendo dicho todo esto, a continuación, te presentamos algunas formas seguras de ampliar tus redes:

- **Adopta una mascota.** Un amigo peludo tiene muchas ventajas en sí mismo. Es un compañero leal, que no espera nada de ti más que amor y atención (y lo retribuye), y te da un motivo para mantenerte saludable y seguir adelante. Y, además, si vas a un parque para perros, podrás conocer a otros dueños de mascotas.

- **Busca un pasatiempo.** Puede tratarse de uno que dejaste de lado durante tu relación anterior, o uno nuevo que siempre te interesó pero que nunca intentaste hacer. Averigua si hay grupos reducidos en tu comunidad donde puedas pintar o esculpir e incluso practicar algún tipo de deporte. De este modo, no solo estarás expandiendo tu mente y la mantendrás ocupada de una forma divertida y sana, sino que además podrás conocer a otras personas con intereses afines

- **Conéctate en línea.** Existen muchos grupos de

Facebook, Instagram u otras redes sociales, e incluso grupos en línea creados por terapeutas para la comunidad. Gracias a la tecnología moderna resulta mucho más fácil conectarse, especialmente en los días en los que no te sientes bien para salir de casa. Una vez más, hay que ser muy precavido en Internet, pues hay muchos depredadores en la red.

- **Realiza actividades de voluntariado**. Es un modo estupendo de fortalecer tu autoestima, al ayudar a los demás de alguna manera. En este caso, debes tener en cuenta que, a veces, quienes están más necesitados se sentirán atraídos por los que también lo están, aunque no creas que desprendes esa sensación. Asegúrate de no ayudar ni dar a tu costo.

- **Reconecta con quienes ya están en tu red.** Ya sabes que son tus más fieles y fiables aliados en tus momentos de dificultad, pero intenta contactarlos simplemente para hablar o para pasar el rato sin ningún trauma de por medio. Vayan a almorzar o a tomar un café, invítalos a mirar un espectáculo o una película, e incluso vayan a dar un paseo o a hacer una actividad deportiva. Son momentos muy importantes tanto para la persona que te apoya como para ti, recordando que, al margen del trauma, se trata de tus amigos y de tu familia, y los aprecias.

Desarrolla una mentalidad fuerte para no perder el rumbo

Las personas más destacadas adoptan una actitud de fortaleza mental. Considerando que tu salud mental fue la más dañada en tu relación abusiva narcisista, es esencial encontrar la mejor manera de sanarla. Ser fuerte mentalmente no es cuestión de arrogancia o ego. Es más bien la capacidad de enfrentarse a la adversidad lo mejor posible con una actitud de "levantarse, sacudirse el polvo y seguir adelante". Y eso se puede lograr perfectamente.

La fortaleza mental forma parte de tu interior y te proporciona la valentía y resistencia necesarias para seguir con tu proyecto de vida y conseguir tu objetivo. Y cuando aparecen los obstáculos, los consideras retos a vencer en lugar de montañas que te hacen retroceder. Es una cualidad que no se les da a las víctimas en su proceso de recuperación, pero asumir una actitud de firmeza psicológica, te fortalecerá todavía más para seguir subiendo los escalones de los que hablamos a lo largo de este libro.

A continuación, se presentan algunas de las formas más comunes en las que las personas practican la fortaleza mental:

- **Son agradecidos.** Con el fin de mantener las cosas en perspectiva, se concentran en lo bueno que tienen en su vida, en vez de quedarse en los momentos difíciles.

- **Conservan su poder cerca.** Luego de que te lo quitaran durante tu relación tóxica, esto es importante de recordar. Quienes son mentalmente fuertes aprenden a no dejar que las personas negativas les roben su poder y a no culpar a los demás por frenarles.

- **Se centran únicamente en lo que pueden controlar.** Esto también es un punto importante para las víctimas. Cuando estás mentalmente firme, solo tienes dominio sobre aquello que está dentro de tu poder. El preocuparse por otras cosas que no puedes manejar causa estrés y ansiedad innecesarios. Ocúpate de lo que está por delante, y deja que el resto se vaya.

- **Poseen límites sólidos.** Ya hablamos de la importancia de los límites. Una persona mentalmente fuerte no permite que los demás traspasen los límites y no tiene problemas para decir que no.

- **No temen correr riesgos seguros.** Del mismo modo que fuiste lo suficientemente valiente como para alejarte de tu ex abusador, o como cada vez que bajas la guardia mínimamente para dejar entrar a otra persona, alguien mentalmente fuerte comprende que es saludable correr riesgos razonables y calculados para superarse a sí mismo.

- **Su pasado no controla su presente ni su futuro.** Es positivo saber que hay un pasado, pero no lo es dejar que se siga filtrando en el presente.

Tampoco hay que quedarse atrás; hay que dejar de lado los rencores y utilizarlos como una fuerza y no como una excusa para no avanzar.

- **Ven los errores como lecciones.** Todos somos humanos y cometemos errores, pero no hay que machacarse por cada decisión errónea o equivocación. Míralos como una oportunidad de aprender formas nuevas de hacer las cosas.

- **No se comparan con los demás.** Somos todos individuos con enfoques y objetivos diferentes. Esto significa que también es distinto nuestro concepto de éxito. Lograste un gran avance al decidir alejarte de tu maltratador. Es algo de lo que debes sentirte orgulloso y es un logro tuyo.

- **Son lo suficientemente fuertes como para estar solos a veces.** Como ya hemos comentado, permanecer a solas después de salir de una relación abusiva puede resultar aterrador. Pero, al cabo de un tiempo, valorarás el tiempo de soledad, ya que es cuando puedes recuperar tu energía, reflexionar sobre los acontecimientos actuales de tu vida o hacer un análisis de tu alma.

- **Son perseverantes.** Esto quiere decir básicamente que las personas mentalmente fuertes no se dan por vencidas fácilmente. Comprenden que lo que más importa en la vida puede llevar tiempo, como que te recuperes por completo. Son pacientes y persistentes incluso cuando parece que las probabilidades no son demasiado altas.

- **Están en sintonía con el modo en que sus creencias les afectan.** Ya sabes que el discurso interior que practicamos puede ayudarnos o destrozarnos. Como ocurre con las personas mentalmente fuertes, tienes que estar atento a las creencias negativas que te impiden estar donde quieres.

- **Son fieles a sus valores.** Ello se refiere a sus prioridades y a seguirlas, a pesar de que no sean las más aceptadas por otras personas. Los valores van de la mano con las creencias y siempre hay que ser valiente para mantenerlos.

- **Practican el optimismo.** Es importante tener en

cuenta este punto, porque la salida de una relación abusiva puede hacerte sentir bastante pesimista sobre la vida. Lo importante es mantener el optimismo de forma realista, sin hacer caso a la voz pesimista en tu interior, pero sin dejarnos llevar por una confianza excesiva que nos conduzca al fracaso.

- **Toleran lo que no les gusta.** Esto significa que, si llegas un poco más allá de tu zona de confort, lo que se sentirá un poco incómodo, tratar de moverse a través de ella. Es una manera de reforzar la autodisciplina y saber que estarás bien para atreverte a hacerlo de vez en cuando, independientemente de todo lo que has pasado.

Probablemente, muchas de estas características ya las tienes, aunque no te des cuenta. Incorpora a tu plan estos rasgos y sentirás cómo tu ser interior se hace más fuerte con cada cosa que afrontas.

En el último capítulo, reuniremos todos los consejos y estrategias necesarios a fin de guiarte en el resto de tu camino de recuperación mediante el enfoque holístico.

CAPÍTULO 6

Recopilando

Nunca debes sentirte culpable por alejar a las personas

tóxicas de tu vida. Una cosa es que una persona

admita su comportamiento y haga un esfuerzo por

cambiar. Pero si una persona hace caso omiso de tus

sentimientos, ignora tus límites y sigue tratándote de

forma perjudicial, debe irse

–Daniell Koepke

Hasta este momento, aprendiste muchas estrategias que te han permitido reconocer que te encuentras, o te encontrabas, en una relación narcisista abusiva. Ya aprendiste cómo fortalecer tu interior y así salir de la relación y elaborar tu plan de acción para iniciar tu recuperación y sanación. Ahora vamos a poner todo en orden para asegurar que te mantengas en ese camino.

Este capítulo se centra en que te prepares para avanzar a partir de este momento. Vas a armarte de más herramientas para garantizar que las relaciones que establezcas de aquí en adelante sean sanas, respetuosas y cariñosas. Ya tienes la mitad del camino recorrido al aproximarte al ser interior que habías olvidado mientras te encontrabas con tu maltratador narcisista. Lo fundamental es mantener ese yo sobre la superficie, recordando lo bueno que hay en ti y por lo que vale la pena luchar, y eso implica cortar el ciclo de la relación narcisista.

Otro aspecto en el que hay que insistir es en vivir una vida más consciente. El fundamento de esta visión es admitir el pasado, pero sin permitir que se introduzca en tu presente. También implica visualizar tu futuro, pero sin mirar tan lejos como para controlar el presente para que eso ocurra. Se trata de vivir cada día al máximo, sin olvidar que el pasado es tan solo una parte de lo que somos, y que el futuro nos dará lo que tenemos que vivir para guiarnos hacia donde debemos estar.

Para concluir, profundizaremos en el punto de la vida plena, abordando algunos enfoques holísticos para añadir a tu lista de recursos. Este enfoque es una forma de mantener la visión del cuerpo, la mente y el espíritu y tratar el cuerpo como un todo, en vez de pensarlo como componentes separados. Los métodos sugeridos son diferentes maneras de fortalecer tu ser interior con el fin de inspirarte a no permitir que otra persona vuelva a debilitarlo.

Deteniendo el ciclo de abuso de la relación narcisista

El aprendizaje principal que hay que extraer de la liberación de una relación narcisista es que en ella hay dos personas involucradas, y la única que tiene el control sobre ti, eres tú. Resulta frustrante comprobar que el rasgo que atrajo al narcisista, es que seamos individuos sensibles, cariñosos y empáticos.

Estas son características que ellos no tienen, y desesperadamente quieren, por lo que despojan a otros de estos rasgos inapropiadamente. Y, por otro lado, nos encanta cuidar de los demás, de modo que el narcisista se aprovecha de ello. No está mal ser una persona sensible a las necesidades de los otros. Pero cuando se hace a tu costa y se transforma en una necesidad evidente e insatisfecha, eso es un problema. No basta con que te digas que no dejarás que se repita. Tu naturaleza es la de ser amable y cariñoso, y no debes cambiar esa valiosa cualidad porque otros se aprovechen de ella. Basta con que dejes de esforzarte tanto en complacer a los demás y descubras qué es exactamente lo que pretendes de una relación que no estás consiguiendo.

Es de ahí de donde surgen los patrones de relación desadaptativos. Si quieres dejar de atraer a personas tóxicas que solamente se aprovecharán de tu encanto, debes entender primero qué es lo que quieres y necesitas. Solo así podrás tener la suficiente confianza para permitir exclusivamente a los que están cerca de ti que sepan respetar tu definición de lo que es un trato aceptable e inaceptable. Aquí tienes algunas preguntas que debes hacerte:

- **¿Cuáles son mis necesidades?** ¿Estás tratando

de cuidar y ayudar a los demás porque tú no recibiste lo suficiente? ¿Cuál es la necesidad insatisfecha que tratas de llenar poniendo los deseos de los demás por delante de tus intereses? Estas son algunas preguntas difíciles de responder, pero si estás ayudando a satisfacer los deseos de los demás en lugar de atender tus necesidades, no estás haciéndolo por las razones correctas. En definitiva, no hay que dar nunca a costa de uno mismo.

- **¿Tengo claras mis necesidades?** ¿Estás en contacto con lo que necesitas? Debes poder expresar cuáles son tus deseos y cómo te sientes. Cuando la otra persona en la relación no reconoce lo que necesitas o parece no importarle, es el primer signo de que estás en otro camino tóxico.

- **¿Estás ayudando a la otra persona más de lo que ella trata de ayudarse a sí misma?** Esto es un auténtico aviso. La relación es un proceso de intercambio mutuo, y la primera señal de que estás en otro camino tóxico es que estás haciendo más por la otra persona que por ti. Las relaciones son para dar y recibir, y si todo lo que hace el otro es recibir, tiene que marcharse.

- **¿Aclaraste lo que esperabas?** Si dejaste claras tus necesidades, ¿aclaraste también cuáles son tus expectativas? Si expresas tus deseos y la otra persona no se esfuerza por satisfacerlos, es que no está cumpliendo tus expectativas. Todos nos merecemos que las necesidades básicas de cualquier relación estén satisfechas y si la otra persona no está cumpliendo su parte del trato, es que no te merece.

- **Tras intentarlo todo, ¿siguen ignorando tus necesidades y sentimientos?** En resumen, si has intentado hacer todo lo posible para que tu postura sea clara y la otra persona ni siquiera intenta entender tu punto de vista, márchate. No desperdicies ni un momento más con alguien que no ve más allá de satisfacer sus propios deseos y exigencias.

Si adoptas esta mentalidad, cambiará tu forma de ver a los demás, lo cual te llevará a encontrar relaciones más saludables. Serás una persona que no se conformará con menos de lo que es lo mejor para ti, y será entonces cuando las personas que valoran estos rasgos, se impondrán a las que no lo hacen.

Deja de atraer a los narcisistas para siempre

Ya que tus necesidades están claramente establecidas, y que has determinado cómo asegurarte de que lo estén, vamos a abordar los demás componentes para fortalecerte y así evitar que entres en otra relación narcisista abusiva. Además de lo que se discutió en la última sección, hay otros cinco aspectos que se deben tener en cuenta al intentar descifrar el enigma de no poder alejar a los narcisistas:

- **¿Has tenido padres narcisistas?** Desde luego, la primera cuestión a tener en cuenta es si esta conducta es de carácter genético o fue aprendida. No obstante, hay que considerar lo que se aprendió de los padres o incluso de otros miembros de la familia. Ya te has familiarizado con los rasgos de la personalidad de un narcisista. Entonces, la pregunta que te debes hacer es:

¿observas alguna de esas mismas características en tus padres, otros familiares, amigos o alguna otra ex pareja? De ser así, algunos de los motivos por los cuales continúas encontrándote dentro de las mismas relaciones tóxicas es porque te resultan familiares. Hasta en su versión más negativa, lo conocido es más confortable que atreverse a algo nuevo.

- **¿Eres muy sensible a los sentimientos de los demás?** Esto se llama empatía, que como ya comentamos, constituye algo fenomenal. No obstante, los narcisistas buscan esa cualidad en sus parejas y les gusta sacar el máximo provecho de su generosidad emocional. Esta clase de personas jamás valorarán esa característica tuya, así que quedarte esperando que te agradezcan no te servirá de nada.

- **¿Tienes baja autoestima?** Lo irónico es que existen determinados tipos de narcisistas que se unen a otros más fuertes, o al menos a los que poseen una personalidad más sólida, para disfrutar de los beneficios sin tener que esforzarse. Pero aquellos que tienen una baja autoestima resultan mucho más fáciles de manipular y aprovecharse de ellos, y son más fáciles de controlar. Te hemos dado varias estrategias para reforzar tu autoestima y utilizarla como un repelente en contra de los narcisistas tóxicos.

- **¿Reprimes tus propias necesidades?** Esto se trató en detalle en la sección anterior, pero ampliaremos la idea. Negarse a uno mismo las necesidades, nos pone en una posición muy peligrosa, especialmente cuando tratamos con un narcisista. Estos esperan que les des prioridad tanto a *ellos* como a *sus* deseos, de modo que al negar o ignorar los tuyos, anteponiendo los suyos, les das exactamente lo que esperan: Una pareja sin necesidades emocionales y que pueda centrarse exclusivamente en ellos. Cuando la persona tóxica te vea así, hará que sea todavía más difícil que te vayas.

Hay otras preguntas que puedes hacerte, pero es probable que hayas alcanzado un nivel en el que sepas cómo detener el ciclo para que no continúe.

A continuación, algunos datos prácticos:

1. **Solidifica tus límites.** Esto es algo que hemos repetido a lo largo de este libro, pero es fundamental que lo tengas en cuenta. Los límites son las normas que evitan que los demás te usen, se aprovechen de ti y, sobre todo, te maltraten. Descubre lo que quieres y no quieres tolerar, establece límites que se respeten y defiéndelos firmemente.

2. **Aumenta tu confianza.** Nuestra confianza y nuestra autoestima van muy unidas. La confianza es la creencia que tenemos acerca del potencial que tenemos, y la autoestima es nuestra convicción en nosotros mismos y lo que necesitamos para seguir adelante. Un narcisista buscará a una pareja que tenga poca seguridad en ambas cosas porque será más fácil de manipular, controlar y aprovecharse de ella. El narcisista pierde el interés en una persona que no puede manipular en beneficio propio.

3. **Haz de los valores algo esencial para ti.** Una

persona narcisista es incapaz de fingir lo que no entiende ni con lo que no conecta, así que especifica tus valores y tu moral, y luego intenta que se abran sobre los suyos. La comprensión de estas cosas quiere decir que una persona también tiene que tener la empatía y la habilidad de ver las situaciones a través de los ojos de los demás. El hecho de que sepan que esas cosas son importantes para ti los alejará rápidamente.

4. **Sé consciente de las señales de alerta.** Ya sabes quién es el narcisista y cuáles son las características más destacadas de su personalidad. Se podría pensar que, al haber estado involucrado con ellos, y ahora lejos suyo, podrías reconocer a otro a un kilómetro de distancia. Como son personas mentirosas, se pueden infiltrar por debajo los radares más sensibles. Ellos saben cómo actuar de forma distinta en los diferentes escenarios donde se encuentran, en especial en lo que se refiere a su trato hacia su pareja sentimental. Si la relación es estable, no se percibe la sensación de que algo va mal. Acuérdate de que tus instintos suelen ser correctos, por lo que, si sientes que las cosas no

están del todo bien, es muy probable que no lo estén.

5. **Solo tú controlas tu comportamiento.** Si otra persona intenta controlarte, es muy generosa con sus opiniones o se irrita cuando no haces lo que te dice, es una táctica narcisista de la que deberías alejarte. Alguien que quiere estar contigo te respetará por quien eres y por cómo eliges ser *y* te apoyará para que así sea.

En vez de ver esta experiencia como un suceso terrible de tu pasado, considérala más bien una prueba que superaste y que te permitió transformarte en especialista de la personalidad narcisista. A partir de ese caos surgió tu visión amplificada de todo lo que quieres y necesitas para ti, incluido todo lo que aceptas y también dejas ir.

Viviendo el resto de tu vida libre de toxicidad con plenitud mental

Otro aspecto que mencionamos anteriormente es la eficacia que tiene para tu recuperación global, el vivir de forma plena. Esta es la capacidad de ser consciente de la totalidad de tu ser, física, mental y espiritualmente, y de aceptar el ahora en todo su significado. Esta actitud es particularmente beneficiosa para quienes están preocupados, ansiosos, deprimidos o han sufrido un trauma, y por eso, puede ser un método muy valioso para agregar a tu nuevo proyecto de vida.

Puesto que el camino de la recuperación y la sanación es a menudo agitado y turbulento -con momentos de retroceso-, la conciencia plena contribuye a que volvamos al presente y seamos más conscientes de lo que nos rodea. Nos orienta para que podamos ver que nuestra existencia está llena de regalos por los que debemos estar agradecidos y que vivir cada día al máximo da sentido a la vida.

La conciencia plena no es una meta, sino una visión que hay que adoptar, y existen algunas técnicas para practicarla:

- **Reestructurar nuestros pensamientos autodestructivos.** Lo que pasaste no debería definir quién eres. Nosotros somos nuestros peores críticos y, como hemos aprendido estando en una relación con una persona tóxica, los comentarios negativos son mucho más fáciles de creer que los positivos. Siempre que se despierten esos pensamientos negativos e hirientes, conviértelos en palabras alentadoras y positivas.

- **Enséñate a relajarte de nuevo.** Una pareja narcisista te hace estar al límite, pendiente de su llamada y atendiendo a sus elevadas pretensiones y necesidades. El mantener el cuerpo en este estado de forma constante es muy poco saludable. Un buen método es ser consciente de la energía tóxica y negativa cuando se presenta exigiendo que le prestes atención, y simplemente... detenerte. No respondas de forma inmediata. En cambio, siéntate y toma conciencia de esa exigencia que te da vueltas en la cabeza, y a continuación, visualízate alejándote de ella o apartándola de tu camino. Permanece así durante varios minutos, hasta que puedas continuar con otra cosa.

- **Sé consciente de tu respiración.** El acto de respirar es mucho más profundo que suministrar oxígeno al cuerpo. Ante la negatividad o la adversidad, es una manera efectiva de recanalizar tu respuesta y tu reacción. La respiración profunda es buena para tu salud en general y te relaja para que puedas canalizar mejor tus emociones. Una respiración deliberada y honda es también el componente principal de la meditación, que es también una forma excelente de procesar los pensamientos y las emociones antes de que salgan disparados. Una vez que te calmes, le encontrarás sentido a todo lo que hagas.

- **Escribe un diario.** La escritura es una valiosa forma de canalizar tus pensamientos, emociones o cualquier cosa que esté afectando tu funcionalidad mental integral. Dedicar un tiempo cada día a escribir lo que te ronda por la cabeza en ese momento, es curativo, y es una forma muy segura de expresar los sentimientos. Cuando revises lo que hayas escrito, podrás ver lo que te molesta y por qué; así tendrás la oportunidad de tomar las acciones adecuadas para poner las cosas en su sitio.

El efecto residual de terminar con una relación abusiva

narcisista puede quedarse con nosotros durante mucho tiempo. Aunque superemos con éxito todos los detonantes, los períodos de dudas sobre nosotros mismos, los momentos de debilidad en los que nos preguntamos si habremos tomado la decisión correcta de irnos; habrá veces en que retrocedamos a esos momentos terribles del pasado que casi nos destruyeron. Puede que incluso tengamos la tentación de recurrir a métodos de afrontamiento inadecuados para silenciar los susurros del pasado. Aquí tienes una analogía que puedes mantener cerca de ti durante esos momentos.

Visualiza tu pasado como si estuviese detrás de una pared de cristal. Lo puedes ver ahí mismo, pero no puede alcanzarte detrás de esa pared. Pero el problema es que la pared no debe estar frente a ti, informándote a cada instante sobre tu vida, sino que debe estar detrás de ti. Lo que hay delante es tu futuro, que todavía no ha sucedido. No puedes permitir darle la oportunidad de compartir el presente porque no hay suficiente espacio para ambos. Es muy duro no permitir que esté ahí ya que puede ser muy fuerte y poderoso.

Pero mientras avanzas poco a poco en cada uno de los pequeños pasos de tu plan de recuperación y curación, esa pared de cristal se irá moviendo gradualmente hacia donde debe estar, y permanecerá: detrás de ti. Está permitido mirar hacia atrás de vez en cuando. Después de todo, lo que está detrás fue lo que te llevó a donde estás ahora. Una vez que esté detrás de ti, dejará de tener poder, y entonces sabrás que lo conseguiste.

Esa es la razón primordial de vivir la vida con plena conciencia, desde el presente. Debes ser totalmente consciente del entorno más cercano y salvaguardarlo de cualquier intromisión del trauma que hay detrás y saber aceptar las cosas tal y como son hoy, para poder vivir el resto de tu vida tranquilamente y en paz.

Resumen de los capítulos

Hemos tratado gran cantidad de información en este libro. Con el fin de facilitar la consulta, a continuación, te ofreceremos un resumen de lo analizado en cada capítulo:

Capítulo uno: Si bien el objetivo tampoco era crear una visión empática, se hizo hincapié sobre la necesidad de contar con la mayor cantidad de información posible sobre los rasgos comunes de la personalidad, las distintas categorías en las que pueden clasificarse y las explicaciones de cómo se convirtieron en personas tóxicas. Mientras más información disponga la persona sobreviviente, menos amenaza supondrá esa persona nociva.

Capítulo dos: Se profundizó en el debate sobre las diferentes tácticas que el narcisista utiliza con su pareja, con sus respectivas definiciones y por qué son tan efectivas. En este momento, la víctima se está dando cuenta de que está en una situación poco saludable y planifica salir de ella. Este capítulo finaliza ofreciendo consejos *sobre qué hacer y qué no hacer* para tratar con los narcisistas.

Capítulo tres: Cuando la víctima entiende con quién está tratando, está lista para ver las señales de abuso. En este capítulo nos centramos en nombrar el maltrato, denunciar al maltratador y conectarnos con la manera en que este afecta de forma negativa la salud de la otra persona.

Capítulo cuatro: Se inicia con las estrategias para comenzar el proceso de recuperación después del maltrato narcisista. Se presenta una lista de estrategias para iniciar el proceso de curación y recuperación a través de la creación de un plan, el cual es el primer paso.

Capítulo cinco: Es vital contar con una red de apoyo sólida y confiable para sobrellevar la situación de abuso, como así también para recorrer poco a poco la senda de la vida hacia la salud. Este capítulo analiza la manera de crear redes de apoyo, así como los diferentes tipos de redes en base a lo que se necesita, y estrategias de prevención para no volver a caer en manos del maltratador. Por último, se habla de la fortaleza mental y cómo aprovecharla para seguir en el camino de la recuperación.

Capítulo seis: Se reúnen las discusiones y aspectos de cada capítulo con una perspectiva sobre la forma de garantizar que las relaciones futuras sean sanas, y sobre cómo vivir con atención en el presente.

Conclusión: Este es un resumen del libro. Hay también una lista detallada de diversas prácticas holísticas que se pueden incorporar al plan de recuperación. Por último, se incluye una lista de enseñanzas que las víctimas de abuso narcisista aprendieron, y que pueden llevar adelante a medida que van aprendiendo a amarse a sí mismas, y algún día sentirse cómodas para conectarse con otra pareja en el futuro.

Conclusión

Puede que no controles todos los acontecimientos que te suceden, pero puedes decidir no verte afectado por ellos.

–Maya Angelou

Al inicio de este libro, aclaramos que el foco no está en provocar empatía hacia los narcisistas con quienes compartimos el mundo, sino hacia sus víctimas, quienes ciegamente se involucran en una relación con ellos. Si bien incluimos los aspectos básicos de la personalidad narcisista, los posibles motivos por los cuales se convirtieron en lo que son, y los mecanismos más comunes que practican en sus parejas. El objetivo principal consiste en ofrecer una visión, estrategias y consejos para quienes han salido de una relación narcisista abusiva.

Las dificultades que enfrentaste en ese entonces -y la perseverancia necesaria para mantenerte en tu camino de recuperación- no terminarán al cerrar este libro. Estos puntos y nuestras perlas de sabiduría seguirán aquí para revisarlos, animarte, recordarte todo lo bueno que estás haciendo y convertirse en silenciosos alicientes que te acompañarán hasta que el "me estoy recuperando" se convierta en "me he recuperado". Para finalizar este libro, ofreceremos una lista de varias terapias holísticas que puedes consultar. Dichas prácticas están incluidas aquí a modo de recursos adicionales que te permitirán mantener los pies en la tierra y concentrarte mientras celebras tu nuevo camino de vida. Responden al tema que se repite a lo largo del libro sobre el tratamiento de todo el ser, no solo de los componentes separados del cuerpo, la mente y el espíritu. Ten en cuenta que, antes de iniciar cualquier forma de terapia -holística o tradicional- deberás hablar detalladamente con tu médico de cabecera. Éste sabrá qué métodos te aportarán mayores beneficios o qué combinación de prácticas podría funcionar mejor. Se trata de algo que no debe tomarse a la ligera.

Para terminar, nos gustaría compartir contigo las lecciones que, esperamos, hayas aprendido tras abandonar la relación tóxica y tener el valor de querer algo mejor para ti. Debes sentir orgullo por todo lo que hiciste, porque todavía hay quienes están donde tú estuviste. Quizás, algún día, podrás tomar toda la sabiduría obtenida y defender a aquellos cuyas voces no pueden ser escuchadas por encima del que les habla. Eso es muy poderoso.

Prácticas holísticas básicas para la salud en general

Si bien la terapia holística es un buen aporte para que cualquier persona logre una salud integral, resulta especialmente beneficiosa para quienes viven con ansiedad, depresión, estrés elevado y traumas.

Todos estos estados de ánimo desestabilizan el organismo en su totalidad, lo cual afecta nuestra capacidad de responder de manera eficaz.

El mantener el cuerpo en un estado constante de miedo, lucha o reacción puede provocar efectos negativos para la salud sobre diversas funciones corporales.

Existen numerosos tipos de terapias holísticas, todas ellas siguiendo la premisa de reajustar las energías del cuerpo para que la persona consiga que su organismo regrese a un estado de equilibrio y que las energías corporales vuelvan a estar sincronizadas.

Las siguientes son las más comunes entre estas terapias y las más efectivas a la hora de tratar la conexión cuerpo-mente-cerebro, en particular los traumas:

1. **La respiración:** Esta puede ser de las primeras terapias para intentar pues la sintonía al respirar es la base de muchas de las prácticas. Es un modo de controlar y ser más consciente del proceso respiratorio. Resulta beneficioso para aquellos que han atravesado un trauma, pues ayuda a regular el sistema nervioso (por ejemplo, el ritmo cardíaco, el respiratorio, el estado de nerviosismo, etc.). Otras ventajas son el

aumento de la capacidad pulmonar, la reducción de los síntomas de ansiedad y un mejor descanso.

2. **La meditación y el yoga:** Son prácticas que también resultan adecuadas para las personas que conviven con las secuelas del trauma. Las dos se enfocan en la importancia de la respiración. Sin embargo, la meditación hace que la mente se mantenga en el presente, en tanto que el yoga conecta de nuevo la mente, el cuerpo y el espíritu mediante posturas específicas dirigidas a las necesidades concretas del individuo.

3. **Gestión del estrés:** Se orienta al individuo en el diseño de un plan para enfrentarse al estrés directamente, en vez de dejar que se acumule. Los planes serán diferentes para cada persona, puesto que los factores de estrés, su intensidad y el nivel de tolerancia para afrontarlos varían también. Pero manejar el estrés de manera efectiva podrá reducir considerablemente los

impactos negativos sobre nuestra salud en general.

4.   **Experimentación somática:** Para aquellos que sufren estrés postraumático u otra forma de trastorno, esta es una forma de centrarse en las reacciones corporales ante el suceso antes de abordar los síntomas psicológicos. Para muchos afectados, estos síntomas son tan molestos que bloquean toda forma de tratamiento del acontecimiento traumático real. La conexión con la manera en que el suceso hizo sentir al cuerpo y el trabajo con esas emociones, coloca a la persona en una situación de mayor fortaleza para lidiar con el trauma de una manera más sana.

5.   **Terapia cognitivo-conductual (TCC):** Es una práctica que permite analizar el modo en que nuestros pensamientos y emociones influyen en nuestras reacciones y comportamientos. El principal objetivo es hacer que el individuo identifique las pautas de sus pensamientos y emociones, y luego las

reestructure de forma más positiva y eficaz. Hay que señalar que esta modalidad de tratamiento no se centra en acontecimientos pasados, sino en cómo afrontar mejor el presente. No sería una terapia idónea para quienes desean profundizar en las causas más profundas de su comportamiento.

6. **Acupuntura:** Es una práctica que se utiliza desde hace siglos en la medicina china para realinear las energías desconectadas del cuerpo por medio de la introducción de agujas en puntos específicos del cuerpo. Se sabe que ayuda a combatir el dolor, la ansiedad y otras muchas dolencias.

7. **Quiropráctica:** Quienes practican este método se concentran en fortalecer y estimular la conexión entre el cerebro y la columna vertebral y en sanar los problemas fisiológicos y emocionales a partir de una serie de ajustes de columna.

8. **Masaje:** Lentamente se ha ido convirtiendo en

una de las prácticas más habituales a las que acudir para afrontar los síntomas corporales del estrés, la ansiedad y los traumas. A menudo los músculos están tensos si el cuerpo está sometido a un gran estrés, y los masajes ayudan a aliviar el dolor, la tensión corporal o realinear las energías que están desconectadas.

9. **Tai Chi:** Su práctica consiste en moverse a través de la meditación. Es también una forma china milenaria de artes marciales de bajo impacto, en la que se combinan los beneficios de la respiración, el movimiento y la concentración.

10. **Enraizamiento:** Para quienes viven con estrés postraumático, recuerdos del trauma, disociación y ansiedad, es una práctica que contribuye con los fogonazos o desencadenantes de recuerdos aterradores, ya que ayuda a la persona a concentrarse en el presente en vez de sucumbir ante el tirón del pasado.

11. **Terapia cráneo- sacral:** Permite eliminar la tensión y la presión en la cabeza, el cuello y la columna vertebral, lugares de estrés y tensión para muchas personas. Para muchos, aliviar el malestar en estas áreas puede facilitar el tratamiento de lo que está causando los síntomas.

12. **Reiki:** Se trata de una práctica japonesa centrada en la realineación de las energías del cuerpo, además de desbloquear cualquier camino energético que se haya obstruido durante tiempos de estrés y trauma prolongados.

13. **Curación mediante el sonido:** Se basa en los sonidos y las vibraciones de los instrumentos o cuencos tibetanos. Estas vibraciones influyen en las ondas cerebrales y en el equilibrio de los sistemas de chakras, centros energéticos relacionados con determinados órganos y mecanismos del cuerpo.

14. **Terapia de imágenes guiadas (TIG):** Se trata

de un procedimiento basado en imágenes de carácter positivo, que permite devolver al cuerpo a un estado mental tranquilo y relajado para poder trabajar con los pensamientos o emociones negativas que puedan ser ignorados o reprimidos.

15. **Técnica de libertad emocional (EFT):** Conocida también como "acupuntura de la mente", se trata de aplicar una serie de pulsaciones en las principales vías energéticas que ayudan a reajustar los síntomas físicos, provocando la curación de los niveles cognitivo, emocional y físico.

Como puedes ver, hay muchas terapias para elegir en función de tus necesidades, tu nivel de tolerancia al tacto y la gravedad de tus síntomas. El enfoque holístico es un paraguas de prácticas para incorporar a tu plan de curación que ya tienes en marcha. Y para reiterar el punto anterior, no empieces ninguna práctica sin obtener el visto bueno de tu proveedor de atención médica primaria.

Diez lecciones que aprendiste después de sobrevivir al maltrato narcisista

Tras todo el camino andado y el trabajo realizado en este libro, tu tarea debe centrarse ahora en la recuperación. Tal y como hemos comentado, no deberías empezar una nueva relación hasta que estés más fuerte y estable. Sin embargo, ahora cuentas ya con todas las herramientas que necesitas para entablar un vínculo más sano con una persona que también te trate como lo mereces.

De un modo peculiar, el narcisista de hecho te enseñó algunas cuestiones útiles. Te mostró todas las cosas negativas que no deberías soportar, y te condujo hacia una visión más clara de tus necesidades, deseos y valores, así como hacia una nueva definición de lo que es el amor.

Teniendo todo esto en cuenta, te dejaremos con las diez lecciones que esperamos hayas aprendido luego de salir de tu relación de abuso narcisista:

- **No te dejas engañar por los falsos cumplidos.** Ya sabes que todo el enamoramiento, las atenciones, los regalos y demás promesas no se hacen de corazón, sino que son más bien formas de atraerte y de que le adores. Por ello, sabrás distinguir entre las verdaderas intenciones y las falsas promesas.

- **Aprecias el "lento pero seguro" sobre el "rápido y furioso."** En resumen, el narcisista no desea perder tiempo con todo el tema de "conocernos por dentro y por fuera" para poder elaborar planes serios para un futuro juntos. Ellos quieren obtener de *inmediato* lo que desean. Percibes de inmediato las señales de alarma y reconoces que para tener una relación contigo, vale la pena esperar.

- **Eres responsable.** Sabes de sobra como un narcisista preferiría ver a otra persona hundirse debido a sus errores que asumir su responsabilidad. Se requiere ser una persona mucho más madura no solo para admitir los errores, sino también para aprender de ellos, e incluso solucionar lo que se pueda.

- **Valoras la importancia de una vida fuera de la relación.** Puede que no hubieras apreciado completamente tener aficiones, intereses o siquiera contactos más allá de lo que tenías en tu relación narcisista. Ellos nunca consideraron necesario este tipo de cosas si tú podías dedicar toda tu atención y tu energía a ellos. Contar con estas cosas en tu vida es una manera de enfocarte en tus necesidades, cosa que no te permitían hacer antes. Otra persona en tu vida apreciará y apoyará tus necesidades.

- **Te hizo más fuerte de lo que creías.** Ya sabes lo difícil que es estar en una relación tóxica, y que acabar con ella y volver a rediseñar tu vida lo es aún más. Pero lo lograste. La fortaleza está en tomar todas las cosas negativas que enfrentaste y transformarlas así en un aprendizaje, a partir del cual puedas crecer y florecerte.

- **Eres consciente de que una relación tóxica no es un signo de debilidad.** Al contrario, reconocer esa toxicidad y apartarse de ella, es una señal de fortaleza. Cuando lo piensas, este narcisista no se alimentaba de tus debilidades, si no de tu fuerza en cuanto a la empatía, la amabilidad y el cuidado. Estas son características que una nueva persona en tu vida valorará y agradecerá.

- **Aprendiste que las parejas celebran el éxito del otro.** Al narcisista no le importa que su pareja tenga éxito, siempre y cuando no le pise los pies. No soportan que el otro sea el centro de atención y le castigan sin piedad por hacerlo. Ahora ya sabes que una pareja que te apoya, celebra cada logro y avance a tu lado, y jamás te hará sentir culpable por ello.

- **Sabes que debes tener límites firmes.** Los narcisistas no tienen límites, sino que además no los respetan. ¿Cómo van a respetar algo que ni siquiera entienden? Al haber mantenido tus límites destruidos y traspasados continuamente, conoces la importancia de marcarlos, asegurándote de que sean firmes, y de que nadie los sobrepase.

- **Entiendes que ser vulnerable**

emocionalmente es una fortaleza. Para los narcisistas, demostrar emociones o cualquier tipo de sensibilidad emocional, es un signo de debilidad. Hace falta ser una persona muy valiente y fuerte para estar dispuesto a mostrar vulnerabilidad ante otra persona. Esto demuestra confianza, sinceridad y un deseo de profundizar en una relación. No hay ninguna debilidad en nada de eso.

- **Te das cuenta de que no puedes hacer feliz a todo el mundo.** Uno de los aprendizajes más duros es que es imposible complacer de verdad a los narcisistas, aunque te exijan un esfuerzo constante. Desean la perfección, algo que no existe en el mundo real. Todas las personas tienen defectos y eso nos hace únicos. Aprendiste que tu felicidad se encuentra por encima de todo y que la persona que desee estar contigo debe estar de acuerdo con esta premisa, así como tú lo estarías con ella.

Esperamos que hayas aprendido estrategias y consejos que te mantengan en tu camino de curación. Siéntete orgulloso de quién eres, de lo mucho que has trabajado para ser quien eres y de tu fuerza interior. Tu vida tiene un nuevo propósito.

Gracias

Para terminar, quisiera agradecerte que hayas comprado mi libro.

Pasé muchos días y noches trabajando para poder finalmente ponerlo en tus manos.

Así que antes de que te vayas, quisiera pedirte un pequeño favor.

¿Podrías publicar una reseña en la plataforma? Tus reseñas representan una de las mejores maneras de apoyar a autores independientes como yo, y cada una de ellas cuenta.

Tus comentarios me permiten seguir escribiendo libros como éste, así que dime si te gustó el libro y por qué. Leo todas las reseñas y me gustaría saber de ti. Simplemente visita el siguiente enlace para dejar tu opinión.

Referencias

Beard, C. (Junio, 2021). *6 consejos para aumentar el respaldo social.*
(2021).   Psychology   Today.
https://www.psychologytoday.com/us/blog/lab-real-
world/202106/6-tips-increasing-social-support

Cuncic, A. (2021). *Efectos del maltrato narcisista.* Verywell Mind.
https://www.verywellmind.com/

Dodgson, L. (2018, Febrero, 11). Así es como se detiene una
discusión con un narcisista. Business Insider; Insider.
https://www.businessinsider.com/how-to-stop-argument-
with-narcissist-2018-2

Dodgson, L. (Octubre 22, 2018). *Cómo dejar a un narcisista en
14 pasos.* Insider; Insider. https://www.insider.com/how-
to-leave-a-narcissist-in-14-steps-2018-10#dont-rush-into-
anything-17

Fielding, S. (Septiembre 4, 2017). Mindbodygreen.
https://www.mindbodygreen.com/articles/how-to-stop-
attracting-narcissists-and-abusers

Gregory, C. (Octubre 25, 2021) *Trastorno narcisista de la personalidad (TNP): Causas, síntomas, tratamiento.* (2021, Octubre 25). Psycom.net - Mental Health Treatment Resource since 1996. https://www.psycom.net/personality-disorders/narcissistic/

Lancer, D. (2018, Mayo 22). *Confrontación del maltrato narcisista.* Psych Central; Psych Central. https://psychcentral.com/lib/confronting-narcissistic-abuse#5

Maggie. (Febrero 19, 2018). *Plan para la recuperación del maltrato narcisista.* https://narcwise.com/2018/02/19/blueprint-for-narcissistic-abuse-recovery/

Mason, M. (Enero 17, 2020). *Entrenamiento familiar mediante el programa Pathways.* Mecanismos de defensa narcisistas Coaching familiar Pathways. https://pathwaysfamilycoaching.com/narcissistic-coping-mechanisms/

Mayer, B A.. (Febrero 9, 2022). *Terapia holística: El tratamiento del cuerpo, la mente y el espíritu para la recuperación integral de la persona.* Healthline; Healthline Media. https://www.healthline.com/health/mental-health/holistic-therapy#types

Morin, A. (Junio 8, 2016). Dieciocho hábitos de las personas mentalmente fuertes. Inc.com; Inc. https://www.inc.com/amy-morin/18-things-mentally-strong-people-do.html

Neuharth, D. (2019). Diez cosas que no hay que hacer con los narcisistas. Psychology Today. https://www.psychologytoday.com/us/blog/narcissism-demystified/201907/10-things-not-do-narcissists

Parker, M. (Septiembre 7, 2020). Ocho etapas de recuperación después de salir del maltrato narcisista. Her Way. https://herway.net/8-stages-healing-escaping-narcissistic-abuse/

Pomerace, M. (Marzo 12, 2021). Siete cosas cruciales que nadie te dice sobre la recuperación del maltrato narcisista. The Candidly. https://www.thecandidly.com/2019/7-crucial-things-no-one-tells-you-about-recovering-from-narcissistic-abuse

Steines, S. (2018, Mayo 7). *Preguntas comunes de las personas que se recuperan del maltrato narcisista.* GoodTherapy.org Therapy Blog. https://www.goodtherapy.org/blog/common-questions-asked-by-people-healing-from-narcissistic-abuse-0507184

Stow, C.V. (Septiembre 12, 2019). Cinco terapias holísticas que eliminarán todos tus bloqueos emocionales rápidamente. ELLE; ELLE. https://www.elle.com/uk/life-and-culture/culture/g28862031/holistic-therapies-for-emotional-blockages/

Teller, S, E. (Octubre 21, 2020). *Técnicas de mindfulness que funcionan.* Sara Teller. https://sarateller.com/mindfulness-techniques-that-work/

Wade, D. (Enero, 2022). *Doce señales de haber sufrido maltrato narcisista (y cómo obtener ayuda).* Healthline; Healthline Media. https://www.healthline.com/health/narcissistic-victim-syndrome#self-blame

Ward, D. (2013). *Detén el ciclo de la relación narcisista.* Psychology Today. https://www.psychologytoday.com/ca/blog/sense-and-sensitivity/201310/stop-the-narcissist-relationship-cycle

Watson, S. (2020). *Diez lecciones que se aprenden tras salir con un narcisista | EliteSingles.* EliteSingles. https://www.elitesingles.ca/en/mag/single-life/relationship-with-narcissist?CID=CA_SEM_1_12461589532_117962983589_502236728608&gclid=CjwKCAiA1JGRBhBSEiwAxXblwfL3B7s1yFIym-sqpVQqoAnD8HHGGxGcjzbh3uhTQ3BoQQy-Sn1STBoCv2QQAvD_BwE

Linda Hill